rich poor man,
poor rich man

貧しい金持ち、豊かな貧乏人

ひろゆき（西村博之）

はじめに

日本は本当に貧しくなってしまった。

２０２３年の日本の国民１人あたりの名目ＧＤＰ（国内総生産）は、ＯＥＣＤ（経済協力開発機構）加盟国38か国のうち22位（内閣府発表）。過去最低の順位である。Ｇ７のなかではもちろん最下位だ。

また日本の年間の平均賃金は約４５０万円（２０２２年の数値。ＯＥＣＤ調べ）。これはＯＥＣＤ加盟国平均を１３０万円ほど下回っていて、38か国中25位だ。加えて、賃金の伸び具合は１９９１年から２０２２年まで、ＯＥＣＤ平均で約30％上昇しているなか、日本はわずか３％増というありさまだ。

ほかの経済指標を見ても日本が世界から取り残されてしまっていることは明らかだ。

あなたの暮らしが大変なのはとうぜんなのだ。日本人はずっと前からみんな貧乏なのである。加えてこの数年は世界インフレの影響により物価高の荒波にさらされている。賃金は上がらないのに物価は上がる。泣きっ面に蜂である。

さらに日本は空前の超高齢社会に突入した。いまや日本人口の5人に1人が75歳以上の後期高齢者だ。これからますます労働人口が減っていく。このままいけば日本は崩壊するだろう。

あなたが悪いのではない。貧しさはもはや不可抗力だ。であれば、これからどうやって生きていけばいいのだろうか。

それでも個々人が必死に稼いでふんばっていくしかないのだろうか。身を粉にして働き続けるしかないのだろうか。でもどうせ負け戦だ。いつかどこかでつまずくに決まっている。待つのは地獄である。

なら、発想を変えたほうがいい。抗《あらが》わない。成長を目指さない。つまり経済サイクルの外に出る。そんな人生戦略がいちばん賢いのではないか。その一助になることを目指したのが今回の本だ。

この本には、ちまちました節約術や、生活コスパを極限まで高める作法、心がまえを記した。塵も積もれば山だ。出費を抑える。物理的な成果を追わない。それと引き換えに豊かな心と時間を取り戻す。そんな安上がりな生き方のすすめである。

日本で富裕層（純金融資産保有額が1億円以上、5億円未満）、超富裕層（同じく5億円以上）とされる世帯は全体の2・5％だ。ほんの一握りである。だからなのかなんなのか「金持ちは偉い」という風潮がいつしか蔓延してしまった。アホくさい。

金持ちは単なる金持ちだ。お金を多めに持っているだけだ。それに対して卑屈になったり、ひがんだりするのはもうやめよう。偉そうにする金持ちもアホだ。

お金と幸せはまったくの別問題である。お金がなくても楽しく豊かに生きられる。すべては節約とコスパ意識、そして心がまえ次第だ。

日本は貧しい国になり下がったが、治安の良さと公的なセーフティネットの充実ぶりは世界一だろう。日本に生まれたあなたはラッキーなのである。

ひろゆき

目次

貧しい金持ち、豊かな貧乏人　賢い安上がりな生き方80の秘訣

はじめに……1

第1章
安上がりのマインド
お金はしょせんお金です

「嫌われてもいい」で生活コストはぐんと下がる……14
1万円の増収を目指すより、1万円の節約……16
節約の成功体験を積み重ねよう……18
人はお金の余裕がないと誤った選択をする……20

貯金は自由を得るツール 22
投資はインデックスファンド一択 24
お金持ちは、お金を使わない 26
生きるのに大してお金はかからない 28
いちばん安いものを選び、自分の許容ラインを知る 30
お金はリターンを見込めるものに使おう 32
過剰なサービスは遠ざける 34
高価なものは買わない。心配事が増えるだけ 36
お金でアクシデントを処理するな 38
失敗はネタにしよう 40
お金と幸せの絶妙な関係 42

第2章 衣食住 お金で幸せにはなれません

自炊は最高の娯楽である……46
外食は非効率的である……48
舌が肥えると幸福度は下がる……50
「高級食材＝美味」にあらず……52
なぜ「賃貸vs持ち家」論争は終わらないのか……54
持ち家は「資産」ではなく「負債」だ……56
タワーマンションの10年後のリスク……58
実家暮らしは損をする……60
家賃が高めでも職場の近くに住もう……62
教育費という名の浪費……64
高級ブランドで着飾るのは二流の小金持ち……66
衣類は古着一択……68
人は清潔感が9割……70

最新家電は買うな 72
中古のデジタルガジェットは買うな 74
余計なモノはどんどん捨てる 76

第3章 趣味・娯楽

損得を考えて遊びましょう

趣味をマイナーチェンジする 80
「自分へのご褒美」は黄色信号 82
デジタル版じゃなく、現物を買おう 84
ギャンブルは国の養分になるだけ 86
宝くじは当たりません 88
推し活では自己点検を忘れずに 90
ＳＮＳのリア充自慢はフィクション 92

趣味はお金を呼び込む　94
面倒な家事はゲーム化　96

第4章 稼ぎ方
「やりがい」「やる気」はいりません

副業で人生を豊かにする　100
苦手な仕事は無視しよう　102
職業に「好き」はいらない　104
難しそうな仕事こそ、おいしい　106
仕事にやる気はいらない　108
残業は狂気の沙汰　110
資格取得はコスパ最強の自己投資　112
いまいる環境で重宝される資格を狙おう　114

英語力さえあれば怖いものなし 116
大学進学で人生はイージーになる 118
投資マインドがお金の不安を消す 120
NISAか? iDeCoか? 122
インデックスファンドがコスパ最強 124
個別株の少額投資はやるだけムダ 126
専業投資家はいばらの道 128
「負けられる状況」をつくろう 130
情報弱者がバカをみる 132

第5章

健康

健康を追求しすぎるのは不健康です

民間の医療保険は割に合わない 136

健康保険だけでなんの心配もいらない 138
年金はかなりお得なサービス 140
健康の絶対条件はストレス回避 142
怒りのコストは高くつく 144
健康維持に意気込みは不要 146
嗜好品を我慢するのは逆効果 148
睡眠は最強の健康法 150
身近な幸せに目を向ける 152
容姿にこだわるのは無意味 154

第6章

人間関係

お金を絡めると不幸になります

お金を絡めずに最大の財産を得る 158

奢りはタイミングが命　160
話を振れる人は得をする　162
マッチングアプリは強者のゲーム　164
落ち込んだときは単調な動画を眺めよう　166
性欲のためにお金を使うな　168
お金に代えがたい関係の見つけ方　170
結婚はしたほうがいい　172
行事は常識ではない　174
変わりづらいものに着目する　176
孤独を楽しめる人、最強説　178

※本書に掲載されている情報は、２０２５年４月時点の情報であり、今後変更される可能性があります。

第1章

安上がりのマインド

お金はしょせんお金です

「嫌われてもいい」で生活コストはぐんと下がる

賢く安上がりに生きるうえで、大切なのが「嫌われ慣れ」だと思う。

そもそもだれだって一定数の人から嫌われながら生きる定めにある。万人に好かれるなんて無理だ。どんな聖人君子でも無理だ。人にはウマが合う、合わないがある。でも多くの人が嫌われたくないという一心で、ムダなコストを払っている。

相手にきちんとした人だと思われたいから、きれいな服を着る。気の乗らない飲み会だが、誘いを断るのが気まずいから参加する。先輩としてメンツを保ちたいから安くもない飲み代を奢る。

お歳暮を贈ったり、年賀状を書いたりするのも同じだ。**僕に言わせれば、どれも嫌われたくないからやっているのである。ムダなコストにほかならない。**

僕はそんなコストとは無縁である。人から嫌われてもいいと思って生きているからだ。むしろそんな些細なことで自分を嫌うような相手なら、早めに離れてもらったほうがラッキーだ。人から嫌われると仕事や人間関係に支障をきたしてしまう？　その心配は無用だ。

かつてソフト・オン・デマンドの社長だった高橋がなりさんは、AVメーカーという職業柄、お子さんが学校で「おまえの親はAVを売っている」と囃されて泣いて帰ってきたことがあったらしい。そこでがなりさんは言ったそうだ。「そのくらいのことで差別するやつとは元から付き合う必要はない。勝手に相手が離れていくのだからよいことだ」と。まさにそのとおりだと思う。

僕がふだん付き合っている人たちは、僕に対してきれいな服装や奢りの飲み会、細かい礼儀なんて求めない。あなたもそんな気楽な人とだけ仲良くしよう。**そうすれば自由になるお金や時間は確実に増えていく。**人に好かれようとしてムダな出費を繰り返す人生なんてつまらない。

嫌われることを怖がらずにいこう。それがいちばんお得な生き方だ。

1万円の増収を目指すより、1万円の節約

日本経済はこれまで過去30年近くにわたってデフレだった。でもこの2～3年は一転してインフレをたどっている。

本来、インフレなら物価が上がったぶん人々の収入も増え、生活水準は向上していく。でもいまの日本では物価高に賃上げが追いついていない。だからみんな汲々とした生活を余儀なくされている。この救いようのない状況はこれからしばらく続いていくだろう。

そんな日本でどうやって生きていくのが賢い方法なのか。ひとりひとりがまず見直すべきなのは「収入」ではなく「支出」である。

もちろん収入を増やせるに越したことはない。でもそれはひどく骨の折れる作業

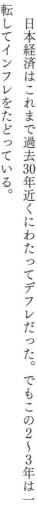

だ。たとえ1万円増やすにしても、会社で自分の評価を上げたり、副業をしたりとがんばらなければいけない。そのうえ運も絡んでくる。優秀な人なら努力しだいで高い給与を得られるだろう。でも、それができるのはほんの一握りにすぎない。

収入を1万円増やすのは大変だ。かたや支出を1万円減らすのは簡単である。どうでもいい飲み会には行かない。ほとんど利用していないサブスクは解約する。それだけで月1万円は余裕で節約できるだろう。僕のひと月あたりの食費、娯楽費、雑費の総額は6万円くらいだ。それで十分楽しく暮らしている。

収入を1万円増やしても、支出を1万円減らしても、財布のなかの金額は変わらない。であれば、支出を減らすほうが得策だ。

インフレやデフレに振り回されて嘆いたところではじまらない。それより手元の1万円にこだわろう。そうやってこつこつお金を貯めていくのだ。それがいちばん正しい生存戦略である。

節約の成功体験を積み重ねよう

節約＝我慢という考えは捨てよう。今日は休日だ。映画館に行こうか。でもお金がもったいない。ここは我慢だ。――そんな調子では長続きしない。苦痛を感じるような節約なんてしないほうがマシだ。人生がつまらなくなる。

節約は渋々やるものではない。積極的にやるからこそ意味がある。財布の紐が緩みがちな休日。お金を使わない楽しい過ごし方を考えてみる。自宅にこもってユーチューブを観たり、ゲームをしたりして過ごすのが鉄板だろう。でもそればかりだと味気ない。今日は快晴だ。弁当をつくって公園でのんびりしよう。いま話題の本を読みに図書館に行こう。

そうやって臨機応変に休日を満喫する。そんな人こそが節約強者だ。

ようするに、節約を楽しめるマインドが物を言うのである。仕事が終わってコンビニに脇目もふらず帰宅できた。喫茶店に寄らず自宅でコーヒーを淹れてひと息ついた。それで500円は浮いたことになる。なにもしなくて500円。なにもしなかったから500円。**つまり働かずして500円儲けたわけだ。そう思えれば節約が楽しくなるだろう。**

なんなら、その〝儲け〟をそのつど記録しておこう。どんどん増えていく金額を目の当たりにするのは快感だ。小さな成功体験の積み重ねがあなたを節約強者に導く。いつしか節約があなたのデフォルトになるのである。

そうなってしまえばしめたものだ。怖いものなしだ。たとえ急に収入が減ったとしても、もともとあまりお金を使わないのだから大きな痛手にはならない。お金の不安から解放されるわけだ。

お金をかけずに楽しめる人生こそ最高だ。それにまさる豊かさはない。

人はお金の余裕がないと誤った選択をする

「有り金は使え！　使わないとお金は入ってこない！」たまに耳にする意見だ。それはそれで正しい。一理あると思う。でもそんなマッチョな芸当をできる人はごくわずかだ。有り金を使うより、貯金したほうがあらゆる点で有利だ。**なにより正常な判断力を保てる。**

急にお金が必要になったらどうしよう。働けなくなって収入がなくなったらどうしよう。貯金がないとそんな不安につきまとわれる。そしてその不安のせいで判断力が鈍ってしまう。あからさまな詐欺話に乗せられたり、怪しい儲け話に手を出したりしてしまうのだ。そしてますます貧乏になっていく。

『いつも「時間がない」あなたに　欠乏の行動経済学』（センディル・ムッライナタン、エルダー・シャフィール／早川書房）という本のなかで、人は経済的に苦しい状況にいると思

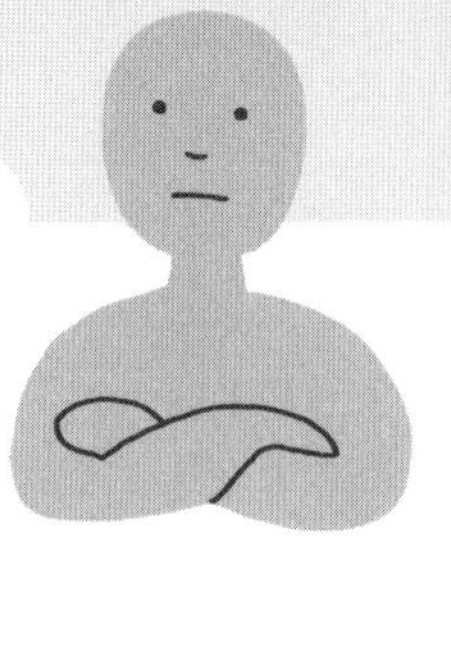

考力が落ちるという実験結果が記されている。

そこで紹介されるのは、とあるインドの農業地帯の事例。収穫前でお金に余裕がない農民と、収穫直後でお金に余裕がある農民の両者に対して知能検査を行ったところ、収穫直後の農民のほうが約25％も正解者が多かったらしい。

お金の余裕の有無がその人の思考力や判断力に影響を及ぼすのである。

お金がない人は「ゆとり」がない。だから冷静な判断ができない。世のなかにはそんな「お金がなくて判断力が下がった人」を狙ったあざといビジネスがはびこっている。「私のとっておきのテクニックを知ればだれでも簡単に儲かる。あなたにそのノウハウを30万円で伝授しましょう」と謳うような情報商材ビジネスはその典型だろう。基本的にビジネスとは、競争相手が少なく、かつ難易度の高い作業が儲かるようになっている。だれでもラクして稼げるなんて、そんなうまい話はない。

みんなそんなことはわかっているはずだ。でもお金がなくて追い詰められると飛びついてしまう。世のなかには罠がいっぱいだ。だからある程度の貯金をしておこう。それがあなたに「ゆとり」をもたらす。誤った選択を避けられるのである。

貯金は自由を得るツール

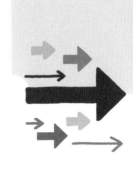

貯金の最大のメリットは人生の選択肢が増えることだ。貯金がないと損をする。フットワークが重くなるのだ。やりたいことがあってもなかなか転職に踏み切れない。いまの仕事が嫌でも続けざるをえない。趣味を活かした転職なんて夢のまた夢だ。
でもある程度の貯金があれば、そんな窮屈な思いはしない。新しいことにチャレンジできる。それでたとえ失敗しても次の手を持つ余力があるからだ。

つまり貯金とは、自由を得るツールなのだ。まだ貯金がない人はいますぐ生活を見直そう。給与の手取り半分を銀行に預けるくらいの割り切りが必要だ。

手取りの半分を貯金にまわすなんて無理？　そうだろうか。この本を読んで「安上がりな生き方」を実践すれば、ぜんぜん無理ではない。人はその気になればいくらでも節約できる。

まずは貯金1000万円を目指そう。**ムダ遣いしないかぎりそれだけで5年は食べていける。つまり5年間の自由を得られるわけだ。**

仮にあなたの月の手取りが30万円だとして、そのうち15万円を貯金していく。単純計算で、5年で900万円、10年で1800万円が貯まることになる。

いま日本の銀行金利はどん底だ。利子は期待できない。だから15万円のうちの一部をNISA（少額投資非課税制度）やiDeCo（個人型確定拠出年金）を用いたインデックスファンド（株価指数などの指標に連動するようにつくられている投資信託）にあてるのも手だ。インデックスファンドなら銀行金利より大きなリターンが期待できる。

いまからでも遅くはない。とにかくお金を貯めよう。手堅く生きよう。その手堅さがやがて最高の自由をもたらすのだ。

投資はインデックスファンド一択

僕は大学生のころ、貯金額５０００万円をひとつのベンチマークとして意識していた。当時の定期預金の金利は３％前後。５０００万円あれば、毎年１５０万円ほどの利子がつく。家賃３万円のアパートに住み、たいしてお金のかからない生活を心がければ、その１５０万円だけで悠々自適に暮らせる。そんな目論見《もくろみ》だった。リタイア後はそこに年金給付も加わる。老後の心配もなくなるわけだ。

思えばいい時代だった。**お金がノーリスクで確実に3％増えるのだ。**でも現在はすっかり低金利である。メガバンクもゆうちょ銀行も０・２％と雀の涙だ。

そんななか２０２４年１月から新ＮＩＳＡがスタートした。従来のＮＩＳＡ（旧ＮＩＳＡ）制度から大幅な改良がなされ、ご存じのとおりいま投資熱が高まっている。

銀行や郵便局に貯金してもほとんどお金が増えない以上、NISAを賢く使うのはありだろう。通常の投資の場合、運用利益に対して約20%の税金がかかる。でもNISAを利用すると全額免除だ（iDeCoでも同様）。実に太っ腹な制度である。

インデックスファンドなら利回り4〜5%を目指すのはそう難しくない。NISAでは個別株投資もできる。でも個別株はやめておこう。素人が儲けるのは難しい。**投資をするならインデックスファンド一択だ。**もちろん投資であるかぎりリスクはある。でも全世界の株式や米国株式のインデックスファンドならたぶん大丈夫。毎月こつこつと積立投資をしていけば将来、お金がそれなりに増えている可能性が高い。

ただし株価が暴落して慌てるような人は投資に向いていない。株価は乱高下するものだ。それにいちいち心を乱される人はやめておこう。

投資の最大の支援者は時間である。10年、20年かけて複利の力でじっくりお金が増えていくのだ。その長い年月、なにがあっても売らずにひたすら積立投資をしていく。それがマストだ。その自信がない人は貯金で十分だろう。生きていくうえで大事なのはまとまったお金を確保しておくことだ。無理に投資に走る必要はない。

お金持ちは、お金を使わない

お金持ちになりたい！　そう血眼になっている人に限ってお金は貯まらない。なぜか？　そのように「お金持ちになりたい」と躍起《やっき》になる人のほとんどが「お金を使いたい人」だからだ。

一般庶民がお金持ちになるための最短ルート。それはお金を極力使わず、ひたすら蓄えていくことである。地道にやるしかないのだ。

おそらく僕は読者のみなさんよりも多くのお金を稼いでいると思う。でも僕の生活はかなり質素だ。大学時代に月5万円で暮らしていたときと、いまもあまり変わらない生活をしている。だから必然的にお金はどんどん貯まっていく。

どうして僕は大してお金を使わないのか。お金を使わなくても幸せだからだ。生活水準を上げようなんてこれぽっちも思わない。

でも大半の人は収入が増えるとそのぶん使ってしまう。それだとぜんぜんお金は貯まらない。永遠にお金持ちにはなれない。

ようするにお金持ちとは、お金を使わない人のことを言うのだ。SNSを見ると、ミシュラン星付きの高級レストランに行ったり、豪華なホテルでバカンスを過ごしたり、ブランド品を買ったりと、リア充を披露している人がいっぱいいる。

僕はそれがうらやましいとは思わない。クルーザーで豪遊？　いちいち船に乗るなんて面倒くさそうだ。高級フレンチ？　何万円も使って100点のおいしさを味わうより、インスタントラーメンで80点のおいしさを味わうほうがよっぽどいい。そんな調子だ。

世界のいろんな国を旅した僕に言わせれば、日本のインスタントラーメンのクオリティは図抜けている。それがスーパーで100円ちょっとで売られているのだ。日本はすばらしい。

「お金を使うこと＝幸せ」ではない。**お金を使うこと以外で得られる自分なりの幸せの軸を見つけよう。**その軸さえあれば、あなたは勝ち組である。

生きるのに大してお金はかからない

お金をたくさん稼ぐにはなんらかの代償がともなう。

長時間労働に明け暮れればそのぶん稼げるかもしれない。でも自由時間を失う。家族や友人との大切な時間はもちろん、趣味にかける時間もままならない。**つまり人生の楽しみが損なわれるわけだ。**

働き詰めで無理がたたり体調を崩せば元も子もない。運が悪ければそれで命を落とすことだってある。そんなのは馬鹿馬鹿しい。

お金なんてそんな代償を払ってまで得るものではないだろう。

必死に働いて稼ぎを増やしたところで幸福度が高まるわけでもない。いくら必死に働いても、そのがんばりに見合った給与アップにつながるわけでもない。そもそも労働者とは不当に搾取《さくしゅ》される定めにある。世のなかは、割に合わない労働を強いられるようにできているのだ。

だから無暗に稼ぎを増やそうとするのではなく、自分にとって幸せだと思える時間を増やすほうが得策だ。そのほうがだんぜん人生は豊かになるだろう。


僕らの日常生活において「お金がないとできないこと」はほとんどない。

だれでも冷蔵庫や洗濯機、電子レンジくらいは持っているだろう。数十年前であれば、そうした家電は高級品だった。でもいまは違う。**お金持ちもそうでない人も、実のところ生活の質は大して変わらないのだ。**

さらにいまや高速回線のインターネットも普及している。パソコンやスマホでいろんな娯楽を無料で楽しめる時代だ。

食事だって、インスタントラーメンはおいしいし、500円で牛丼が食べられるし、スーパーの弁当も安くて豪華だ。

ちょっとのお金でだれもがそれなりの生活を送れる。歯を食いしばって必死に稼ぐ必要はない。お金の多寡と幸せは別問題だ。

いちばん安いものを選び、自分の許容ラインを知る

ネット通販やスーパーで買い物をするとき、僕にはひとつのポリシーがある。細かい点は気にせず、とにかくいちばん安いものをまず買ってみるというものだ。

「そのジャンルにおける最低水準」を知るためである。

それを買って試してみて不満がなければ、僕にとってそのジャンルの品は最低水準のもので問題ないということだ。最安値のものでいいということである。

もしいちばん安い商品だと不十分に思えたなら、次はもう1ランク上げてみる。それでも満足できなければ、さらにあと1ランクだけ上のものを買うわけだ。

たとえば、僕が洗濯機の洗剤に求めるのは衣類の汚れを落とすことのみだ。いちばん安いものでほぼ問題ない。でも缶詰のコーンの場合は、あまり安いと食感がイマイ

チなことが多い。だから気持ち高めのものを買うようにしている。

大学生のころ初めてのひとり暮らしで部屋選びをした際も、まず内見したのはいちばん安い物件だった。そこはシャワーだけで浴槽がなかった。立て付けもボロボロだ。なんだか冬は寒そうだ。だから2番目に安い浴槽付きの物件に住むことにした。「最低から2番目」の部屋だったが、なんの不自由もなく暮らせた。

僕は旅先でホテルを選ぶ際も、そのエリアの最安値を探す。僕にとってホテルの役割は寝ることだけだ。基本的に眠れればどこでもいいのである。

以前、テレビの仕事でアフリカのマラウイの国境沿いの街へ行ったときには、Airbnbでいちばん安い宿を申し込んでみた。ゴキブリが室内にうようよしていたが、気にせずにぐっすり眠ってしまった。人生で経験した最低レベルの宿だったと思う。でももう一度そこに泊まれと言われても平気だ。

自分が許容できる最低水準がわかっていれば、余計なコストを払う必要はなくなるのである。

お金はリターンを見込めるものに使おう

その出費があなたに良いリターンをもたらすかどうか。そんな投資思考をいつも頭の隅に置いておく。それこそが賢い安上がりな生き方である。

財布の紐を締めるばかりが芸ではない。良いリターンが得られるのであれば出し惜しみする必要はない。遠慮なくお金を使おう。

あなたが料理好きなら奮発して高い調理器具を買うのはありだ。使い勝手のいい器具を使えば、料理がますます楽しくなる。料理の出来栄えもさらに良くなるだろう。結果として外食が減って節約になるのだ。それは大きなリターンである。

映画好きで足しげく映画館に通っている。映画館で味わえる臨場感がたまらない。そんな人は自宅の一室にホームシアターを設置するのもいい。もちろん費用はかさむ

が、ネットフリックスを迫力満点でいつでも楽しめる。長期的にみて毎週映画館に出向くよりコスパはいいはずだ。これも有意義な投資である。

かたやリターンが見込めないものにお金を費やすのはダメだ。たとえばキャバクラやホストクラブ通いはその最たるものだろう。いくらお金をつぎ込んだところで意中の相手を口説き落とすのは無理だ。それでも何百万円か使えば、なびいてくれるかもしれない。でもそんな関係はすぐ終わる。キャバクラでバカ騒ぎしてストレス発散？それでひと晩で多額のお金を溶かすのはアホの極みだ。あとにはなにも残らない。

ストレスがたまっているならほかにいくらでも対処法はある。友だちや同僚に悩みを聞いてもらうのも手だ。それで気が楽になるかもしれない。そのほうがはるかに有益だ。お金もかからない。

その出費でリターンを得られるのか。その出費は価値のある投資になりえるのか。**お金は人生の手段だ。上手に適切に使おう。大切なのは選択と集中である。**投資思考が日々を充実させるのだ。

過剰なサービスは遠ざける

飛行機のファーストクラス。ホテルのエグゼクティブルーム。どちらも値が張る。値が張るのはそこに付加価値があるからだ。でもその「付加価値」は高い料金に見合うだけのものなのだろうか。どちらもそうは思えない。

それらは富裕層向けのサービスだ。金払いのいい人たちがターゲットである。**つまりそのサービスは本質的ではない。単なる贅沢である。過剰なオプションにより無暗に値段が吊り上がっているわけだ。**

飛行機の本質的なサービスとはなんだろう。乗客を目的地まで送り届けることだ。当たり前だがそのサービスはエコノミークラスでも受けられる。そしてこれも当たり前だが所要時間も同じだ。ファーストクラスだから早く到着するわけではない。

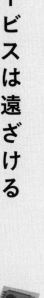

かく言う僕もかつてファーストクラスを利用したことがある。たしかに座席は広々としていて、機内食も豪華でおいしかった。で、眠っているあいだに目的地についた。――いま僕はどこに行くにもエコノミークラスである。

ホテルのエグゼクティブルームも過剰だ。客室が広すぎる。一泊か、多くてもほんの数日の滞在だ。しかも客室にいるのはほぼ朝と夜だけだろう。いろんな設備があってもそのほとんどは無用の長物だ。使うひまがない。

ホテルの本質的なサービスは宿泊だ。つまりベッドで安眠できることだ。**それなら普通のビジネスホテルで十分だろう。余計なオプションにお金を払うのはバカらしい。**

そのサービスを利用する目的はなんなのか。その目的さえ果たせればいいのだ。それ以外のサービスは企業が一儲けを狙った戦略商品である。手を出してはいけない。

僕は日本に出張に来たとき漫画喫茶（ネットカフェ）に泊まることがある。そこにはシャワーがあり、髭《ひげ》剃《そ》りやシャンプーといったアメニティもそろっている。なんの不自由もない。それで一泊だいたい2000円である。良心的だ。

高価なものは買わない。心配事が増えるだけ

僕は高級車やハイブランドの衣服や装飾品といったものにぜんぜん興味がない。

その理由はいろいろあるが、**ひとつには日ごろから「最悪のパターン」を考えているからだ。**

何十万、何百万円もする腕時計を身につけるのはたしかに気分がいいのかもしれない。でも最悪のパターンを考えてみる。もしピカピカの高級時計に大きな傷がついてしまったら？　かなりへこむと思う。

安い腕時計なら、たとえ傷がついたとしても「また買えばいいか」とすぐに気持ちを切り替えられる。いちいち慌てることはないだろう。

車だってそうだ。事故を起こして廃車になった場合、安い中古車なら「仕方ないな」で済ませられる。でも何百万円もする新車だったらしばらく立ち直れない。

家だって同じだ。僕はいまフランスに住んでいるが、日本にいたときはどうしても買う気にならなかった。ずっと賃貸暮らしだった。

家を買おうと思えば買えたが、最悪のパターンを恐れていたのだ。家を所有し、維持するにはいろんな費用がかかる。またさまざまなリスクもつきまとう。

もし台風で家の一部が破損したら、自分で修理費を払わないといけない。台風で破損しなくても年月が経つとあちこちガタが来る。そのメンテナンス費がどんどんかさんでいくかもしれない。

それに変な人が隣に引っ越して来たら困る。あるいは騒音を出すような工場が近所に建つかもしれない。**そういった最悪のパターンを考えると、大金を払ってまで家を買う気にはとてもなれない。大金で心配を買うようなものだ。**

ようするに持ち物は安ければ安いほどいい。あれこれ気をもまなくて済む。安上がりな生活はこのうえなく自由で快適なのだ。

お金でアクシデントを処理するな

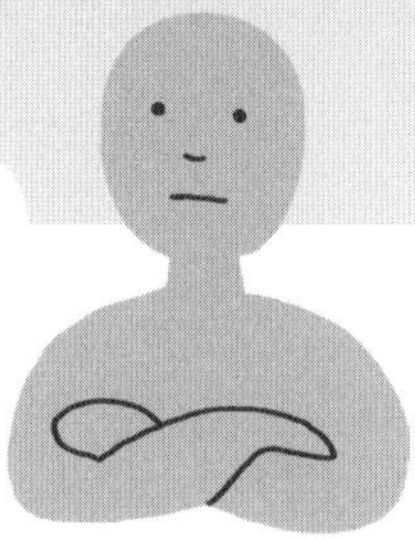

順風満帆な人生なんてない。生きていればいろんな問題に直面する。些細なアクシデントはそれこそ日常茶飯事である。でもその大半はお金で手っ取り早く解決できる。地獄の沙汰《さた》も金次第である。それがクセモノなのだ。

事あるごとにお金に頼っていたらきりがない。どんどん自分の首が絞まっていく。人生も懐も貧しくなってしまうのだ。そんなお金の奴隷になりたくないなら、とりあえず財布はしまっておこう。たしかにお金を使えばラクだ。でも頭を使えば得だ。

終電を逃した。仕方ない。タクシーで帰るか。——その発想自体がすでに貧しい。電車がないなら1時間かけて歩いて帰ればいい。いい運動だ。気分転換にもなる。歩いて帰れるような距離じゃない？　なら、なおさらタクシーは避けたい。料金がかさむ。ファミレスでも探して朝まで待つのが得策だろう。**始発まで4時間。タクシー代が1万円だとすると、時給2500円の儲けに等しい。**待つ価値は十分にある。

最近、めっきり体力が落ちてしまった。スポーツジムに通って体を鍛えよう。その発想も短絡的である。体力が落ちたのは日ごろ運動していないからだろう。であれば自宅で腕立て伏せやスクワットをやるだけで効果はある。

そのうち自宅での自重トレーニングでは物足りなくなったら、公園の遊具を利用した高負荷の筋トレに挑めばいい。やり方がわからない？　ユーチューブを見よう。プロのトレーナーによるその手の実技動画はいくらでもある。目的は体力をつけることだ。ジムに通うことではないだろう。

お金を使ってコンビニエンスに問題解決をはかったところで本当の解決にはならない。アクシデントは日常茶飯事だ。引っ切り無しにお金が出ていってしまう。

そして真に深刻な問題の前ではお金は無力だ。日々、お金に頼らず乗り切る工夫をしよう。それがやがてあなたの「生きる力」そのものとなる。

失敗はネタにしよう

人生に失敗はつきものだ。とうぜん失敗すれば損をする。それで落ち込むこともあるだろう。でも失敗は失敗で使い道がある。ぜんぶがムダになるわけではない。

かつて僕はＪＡＬの株を持っていたのだが、そのせいで大損したことがある。２０００万円近く溶かしてしまったのだ。ＪＡＬ株で資産運用しようというのではなかった。株主優待券が目当てだった。ＪＡＬやＡＮＡの株主は、航空チケットを正規料金の半額で購入できる株主優待券がもらえる。それを金券ショップに持ち込んで小遣いを稼いでいたのである。

ところが２００８年にリーマン・ショックが起き、その影響でただでさえ低迷していたＪＡＬの業績はさらに悪化。みるみるうちに株価も下がっていった。２００９年になると経営破綻するのではないかというニュースまで飛び交うありさまだった。ヤバそうだ。早く損切りしたほうがいい。そう思ったのだが、もうひとりの僕が耳元でささやいた。「ＪＡＬほどの巨大企業が没落するなんて滅多にない。せっかくだから株主としてしばらく見届けよう」。結局、好奇心に負けて静観することにしたのだ。

そして２０１０年１月、ついにＪＡＬが砕けた。会社更生法の適用を申請し、事実上倒産してしまった（その後、政府支援のもと再建）。経営破綻の噂が流れるようになってからあっという間だった。もちろんＪＡＬは上場廃止。僕が持っていた株もただの紙くずと化した。やはり損切りすべきだった。バカな真似をしたものだ。

当時、このエピソードを話すとみんな目を丸くした。「マジで!?」「バカだよ、バカ」ととうぜんあきれられた。でも同時にみんな愉快そうにもしていた。**そうなのである。失敗談はウケがいいのだ。笑い話のいいネタになるわけだ。**

僕ほどバカでないにしろ、あなたもたくさん失敗してきたはずだ。そして今後もいろんな失敗をしでかすだろう。生きるとはそういうことだ。**それをいちいち悔やむ必要はない。むしろ開き直ってネタにしよう。であれば、その失敗はムダにならない。**

お金と幸せの絶妙な関係

お金は生きていくための手段だ。目的ではない。お金はあなたが幸せになるための手段にすぎない。だからお金に振り回される人生ほどくだらないものはない。

あなたはお金持ちになりたいだろうか？　お金持ちになれたとしてなにをしたいだろうか？　しんどい仕事から解放されたい。自由気ままに暮らしたい。世界中を旅したい。やりたいことだけに打ち込みたい。毎日たっぷり眠りたい。健康的な生活を送りたい。おいしいものを食べたい。だいたいそんなところだろう。

でも、それらはお金持ちでないとできないのだろうか？　そんなことはない。庶民でもできる。**実践するか、実践しないか。それだけの違いである。**

ではお金持ちにしかできないことはなんだろう？　高級外車を乗り回すこと。飛行機のファーストクラスに乗ること。ホテルのスイートルームに泊まること。プールがあるような広い家に住むこと。それくらいだ。どれも生きていくうえで必要不可欠なわけではない。ましてそれらが幸せを保証するわけでもない。

お金持ちも庶民も大して変わらないのである。**生きる喜び。幸せをつくる要素。そのほとんどは一緒だ。どれもお金で買えるものではない。**

人はどんなときにいちばん幸福度が高まるのだろう。**それはたぶんだれかの役に立っているときだ。自分の存在が認められたときだ。幸福とは他者がもたらしてくれるのである。**

なら、自分のためだけにお金を使うのはもったいない。時にはだれかのためにお金を使おう。ちょっとしたプレゼントをする。コーヒーをご馳走してあげる。そんなささやかなことで十分だ。相手が少し喜んでくれれば十分なのだ。それがあなたにとっても喜びになる。その喜びこそを幸せと呼ぶのだと思う。

お金で自分の幸せは買えない。でもだれかの幸せなら買える。そうやって世界が優しく巡っていけば、それはとてもすてきなことだ。

第2章

衣食住
お金で幸せにはなれません

自炊は最高の娯楽である

だいたいの人は月々の生活費のうち、食費か住居費（家賃、ローン）がいちばん大きな出費だろう。住居費は引っ越しでもしないかぎり減らせない。でも食費ならいますぐ減らせる。僕らは毎日食べ物にお金を払っている。そこを節約できるとデカい。安上がりに生きるうえで食費を抑えるのはマストだ。

とはいえ、素麺をすするだけのような切り詰めた生活はやめよう。食は僕らにとって日々の楽しみのひとつだ。その楽しみを大切にしつつ、節約するのである。

そこで自炊だ。自炊習慣がつけば、生活コストはぐんと下がる。**自炊はめんどくさい？　そうだろうか。自炊はクリエイティブでとても楽しい作業だ。**

僕は自宅にいるときはほぼ毎日自炊している。だれかが奢ってくれるのでなければ外食はしない。だから自腹で外食するのは年に数回である。

僕にとって自炊はゲームのようなものだ。安くて、健康的で、おいしい料理をつくる。それがミッションである。鶏肉でも豚肉でも、調理法ひとつ、調味料の使い方ひとつでいろんな料理に化ける。特別な技術や知識を要するわけでもない。包丁さえ使いこなせれば、スマホのレシピを片手にそれなりの料理が仕上がる（自分で食べるのだから見映えはどうでもいい）。たまに失敗して味がイマイチなこともあるが、それはそれで笑えておもしろい。僕にとって自炊は娯楽なのだ。

以前、おいしい肉をなんとか安く手に入れられないかと考え、牧場から直接買いつけたことがあった。5キロ単位で購入できて、これがまたいい肉だった。**最高のミッションを成し遂げた気分である。賢く仕入れられた自分を褒めてあげたくなった。**

また外食だとどうしても栄養バランスが偏る。健康面のメリットも考えれば、自炊一択だろう。

人間は生きていくためになにかを食べ続けなければならない。あなたにも自炊の楽しさを知ってほしい。自炊はいろんな意味でとっても有意義なのだ。

外食は非効率的である

自炊に比べると、外食で得られる満足感はたいしたことない。僕はそう思う。
特に初めて訪れた飲食店では、どんな味つけの料理が出てくるかわからない。そこにお金を払うのである。これはちょっとしたリスクだ。自分好みの味つけでなかったら残念だ。

なかでも塩と油がくせものだ。人間の味覚はそれらにおいしさを感じるから、だいたいの飲食店では塩と油を多めに使っている。

でも僕は塩気の強い料理が苦手。自炊するときはほとんど塩を使わない。サラダはオリーブオイルやお酢をかければ十分だ。パスタソースでも塩に頼らず、トマトやキノコなどの旨味を活かすようにしている。刺身も醤油はつけずにそのまま食べる。僕は素材の味を楽しみたいのである。結局、それがいちばんおいしい。

基本的に外食は味つけが強すぎる。だからやっぱり自炊がいい。

僕が外食をためらう理由はほかにもある。それは時間を有効活用できない点だ。だれかと一緒に外食をするなら会話を楽しめるが、ひとりの場合、そこでできることはせいぜいスマホを眺めるくらいである。

これが自炊なら、調理作業の楽しさに加え、食事をしながらゲームに興じることもできるし、テレビの大画面で映画を観ることもできる。自分だけの空間で、自分のペースで過ごせる快適さは最高である。

外食をやめられないという人は、外食のデメリット、自炊のメリットにもっと目を向けてみてはどうだろう。外食は味つけがコントロールできない。でも自炊なら自由自在だ。さらに食べるとき肩肘《かたひじ》張らなくて済む。たしょう行儀の悪い食べ方をしてもだれが見ているわけでもない。思うぞんぶん「ながら食べ」ができるのだ。

コスパ。タイパ。どちらも自炊に軍配があがると思う。

舌が肥えると幸福度は下がる

仕事で日本に滞在しているとき、ありがたいことにいろんな人が会食に誘ってくれる。どれも奢りだ。重ねてありがたい。高級料理店に連れて行ってもらうことも多い。高級店ともなれば、どこも味つけは洗練されている。マズい店はほとんどない。

でも美食はそれでもう十分だ。たまに食べるからいいのだ。美食に慣れてしまえば、舌が肥えてしまう。そうなると普通の食事では満足感が得られなくなるだろう。

仮においしさ１００点の１万円の牛丼と、おいしさ80点の５００円の牛丼があったとする。１００点の牛丼ばかり食べてその味に慣れてしまうと、80点の牛丼をおいしく感じられなくなる。それは悲劇だ。**舌が肥えるということは、味覚の許容範囲が狭くなるのと同じだ。**

僕らは毎日食事をする。そのつど喜びや驚きがあったほうが人生の幸福度は高まるに決まっている。舌の肥えた人は、あり合わせの食材でつくった夕食では満足できないだろう。だから食事にいちいちお金がかかるわけだ。

舌の肥えていない人はジャンクフードでも喜んで食べられる。お金をかけなくても幸せを得られるのだ。

もうひとつ、味覚の許容範囲を拡げるためのとっておきの秘訣がある。それは言わずもがな、お腹を減らしておくことだ。がつがつと間食をするのはやめよう。空腹は最高のソースだ。なんでもおいしくいただける。

僕は普段、質素な食事を心がけている。だからたまに高級料理店に連れて行ってもらったときの感動はひとしおだ。

美食はほどほどに。特別な機会に楽しむ程度がちょうどいいのだ。

「高級食材＝美味」にあらず

霜降りの高級黒毛和牛はたしかにおいしい。でも僕は3～4切れ食べるのが限界だ。脂身が多くて胃もたれしてしまう。人にはそれぞれ嗜好がある。高価な食材がその値段に見合った食体験をあなたにもたらすとはかぎらない。

以前、1個1万円もする宮崎県産の高級マンゴーを食べたことがあるが、僕にはイマイチだった。甘くておいしかったものの、フランスで1000円くらいで買えるイスラエル産マンゴーが恋しくなった。僕はイスラエル産の風味のほうが好きだ。

高級食材がなんで高級なのかといえば、希少だからだ。**それに舌鼓を打っている人たちは、はたして食材そのものを味わっているのだろうか。ひょっとしたら希少価値という情報を味わっているのかもしれない。**

そもそも多くの人がおいしいと感じるものは市場原理において安価になるはずだ。需要が多いものは量産され、価格が下がる。それが世の摂理である。鶏、豚、牛といった肉が世界中で親しまれているのは、人類の歴史のなかで人々が「おいしい」と満場一致の評価を下したからだと思う。だから家畜化してきたのだ。

鶏、豚、牛に比べて、シカ、イノシシ、カモといったジビエは値が張る。なぜか。市場にあまり出回っていないからだ。**先人たちが「大しておいしくない」とジャッジしたから普及していないのだと思う。**

デンマークにある世界一の超高級レストランとして名高い「ｎｏｍａ（ノーマ）」では、蟻をトッピングした世にも珍しい料理が提供される。ｎｏｍａを訪れた人たちはそれをありがたく食べる。でも本当に多くの人がおいしいと感じるなら、世界中に蟻料理が拡まっているだろう。普及しない食材にはそれなりの理由がある。

高価な食材であることと、おいしいかどうかは別問題。たんに希少だからという理由で余分にお金を払うのはバカらしい。「高価＝美味」という思い込みは捨てよう。

なぜ「賃貸vs持ち家」論争は終わらないのか

とにかくお金がかかるのが居住費である。そして居住費をめぐる話題になると決まって出てくるのが賃貸か持ち家かの議論だ。ずーっと議論されているテーマだ。ずーっと議論されているのは答えがないからだ。どっちがいいかは人による。

賃貸暮らしも持ち家暮らしもそれぞれメリット、デメリットがある。**ただし単純なお金の損得でいえば、賃貸のほうが圧倒的にいい。持ち家は完全に不利だ。**

日本の場合、一等地をのぞくと、住宅の価値は年月とともに右肩下がりをたどる。特に築浅の物件を買う場合は要注意だ。築20年くらいになれば価値の下落も底を打つが、築浅だと買ったそばからみるみる値下がりしていく。なかでも新築マンションや新築建売住宅は最悪だろう。買った瞬間に1～2割値下がりしてしまう。これは販売価格に不動産会社の営業経費が含まれているからだ。

どうしても持ち家がほしい。でも損はしたくない。そう考えるなら、あるていど築年数が経った中古物件を買えばそこまで損はしないだろう。かたやコスパよく、築浅のきれいな家に住みたいのなら賃貸一択である。

賃貸暮らしの最大のメリットは自由度の高さだ。いつでも引っ越せる。だから転勤や育児といったライフスタイルの変化のみならず、不測の事態にも対処しやすい。持ち家暮らしだとそうはいかない。住み替えのため、やむをえず売却や賃貸に出したところで庶民向けの物件は引き取り先が見つかりづらい。安く買い叩かれるのがオチだ。

日本はこれから一気に人口減が進む。一等地をのぞく不動産価格はますます値崩れするだろう。損をしたくないなら、いまはなおさら家は買わないほうが賢明である。

加えて日本は自然災害大国だ。世界で発生する地震（マグニチュード6以上）の約2割が日本で起きている。もし首都直下地震に見舞われれば、一等地もひっくるめて不動産価格は暴落する。

持ち家暮らしはリスキーである。住み続けるかぎり維持費（メンテナンスや修理）もかかる。賃貸暮らしで出費を抑え、貯金や投資にお金をまわしたほうが合理的だ。

持ち家は「資産」ではなく「負債」だ

賃貸暮らしだとただ家賃を払い続けて終わる。持ち家暮らしだとローンを払い終えれば資産として残る。いまだにそう考える人が少なくない。でもそれは幻想だ。庶民が買えるような家に資産価値はない。

そもそも資産とはその所有者に金銭的な利益をもたらすものをいう。いつでも換金できて、お金を増やしてくれるものが資産だ。35年ローンを払い終えた古びた家がお金をもたらしてくれるだろうか。売却しようにも大金をはたいてフルリノベーションしなければ買い手はつかないだろう。売れたら売れたで所得税や住民税が乗っかってくる。さらに仲介手数料もかかる。

もしまだローンが残っていたら、売却時にそれを完済しなければならない。売却益がローン残高を下回るようなら、そのぶんのお金を工面するはめになる。

庶民の持ち家は資産どころか負債だろう。35年ローンという気の遠くなる負債である。資産価値はほぼゼロだ。都心でもないかぎり土地の価値もしれている。

お金の損得はどうでもいい。とにかく家を持ちたい。そこで幸せな家庭を築きたい。家を買っていいのはそんな夢と覚悟がある人だけだ。

持ち家＝資産は不動産会社がまき散らしているウソだ。資産性があるのは一等地の物件にかぎられる。

でも老人になると部屋を貸してもらえなくなるから、いまのうちに家を買っておいたほうがいい。そう指摘する人もいる。たしかに65歳以上の年金暮らしの人が賃貸物件に引っ越すのは難しいだろう。70歳を過ぎると年齢だけで断られてしまう。

とはいえ、先回りして家を買う必要はない。年を取ったときに貯めておいたお金で安いマンションを買えば済む話だ。リタイアしているのだから駅の近くでなくていい。あえて都会で暮らす理由もない。田舎に行けば300万円でマンションを買える。

長閑な場所でゆったり余生を過ごす。老後のひとつの理想だと思う。**現役時は賃貸、そして退職後は持ち家。人生の収支決算としてそれがいちばん安上がりなのだ。**

タワーマンションの10年後のリスク

タワーマンションが相変わらずの人気だ。充実した最新設備。窓からの眺望。駅前に高くそびえるタワマンでの暮らしは社会的ステータスの象徴だろう。

でも人に自慢できること以外、タワマンになにか特段な利点があるとは思えない。むしろ僕にはデメリットが目につく。大半のタワマンはエントランスから部屋にたどり着くまでやたら時間がかかる。特に高層階ともなればなおさらだ。

タワマンに住むある知人は、朝の出勤や夜の帰宅の時間帯になるとエレベーターがなかなかやってこないとこぼしていた。ピークの時間帯でなくても、5軒隣にあるコンビニまで往復20分かかるという。

ただしセキュリティは万全。部屋からの眺めも抜群。彼にとってはそれらと引き換えに、時間の不便を被るのは許容範囲なのだろう。僕は一生、タワマンには住まない

と思う。たまにだれかの部屋にお邪魔して楽しめれば十分だ。

不動産の資産価値は立地（アドレス）で決まる。なかでも好立地のタワマンはとりわけ資産性が高いとされている。部屋を買ったものの、なにかの事情で手放すことになっても購入額と同等か、それ以上の値段で売れるケースも多いようだ。

でも10年後はわからない。タワマンの資産価値をおびやかす最大の脅威はテクノロジーの進化だ。僕は以前、築30年のリゾートマンションの購入を検討したことがあるが断念した。マンションの構造上、光回線の増設ができなかったからだ。建設当時、インターネットの存在なんてとうぜん考慮されていなかったのである。

これと似たような事態がタワマンにも起こりえる。ご存じのとおり、いまテクノロジーの進化のスピードはすさまじい。インターネットがそうであったように、まったく想像もつかない生活インフラがじきに誕生する可能性がある。最新のタワマンでも10年後、時代遅れの代物にならないともかぎらない。

もともとタワマンは市場で過大評価されている感がある。だからちょっとの不具合で資産価値は急落してしまうだろう。タワマン神話に踊らされるのは危険である。

実家暮らしは損をする

賃金はいっこうに上がらない。かたや世界インフレの影響でいま物価は右肩上がりだ。日本人の節約志向はいやでも高まっていく。社会人になっても親元を離れず、実家暮らしを続けるような、いわゆる「子供部屋おじさん」「子供部屋おばさん」もますます増えるだろう。

なにせ実家暮らしは安上がりでラクだ。毎月いくらかまとまった生活費を入れるだけでいい。家賃はゼロ。家事の大半は親がやってくれる。生活コスパは最強だ。かくして未婚化はさらに加速し、少子化の歯止めもかからなくなっていく。

ぬくぬくとした最強の実家暮らし。でもそれは本当に得なのだろうか。僕はそうは思わない。たしかにひとり暮らしは生活費がかさむ。**でもそこには数値化されない大**

きなメリットがある。それはライフスタイルの自由度の高さだ。

昼まで寝ていようが咎められない。いつなにを食べても勝手だ。そしてなにより飲み会やイベントの誘いに気軽に応じられる。深夜まで飲んで帰ってきてもだれに気兼ねする必要もない。

となると、自然に交友関係が拡がっていく。人は一度でも一緒に飲んだ相手を邪険にできないものだ。なにか困ったことがあれば相談に乗ってくれるだろう。**飲み会で親しくなった人からおいしい仕事を振ってもらえるなんてこともありうる。**僕の周りにはそうやって仕事の幅を拡げている人がたくさんいる。

それにひとり暮らしは恋人もできやすい。相手といい雰囲気になったときに「うちに寄っていく?」と気安く誘える。でも実家暮らしはそうはいかない。出会いのチャンスを逃し続けるわけだ。そして気づくと孤独な中年になってしまう。

実家暮らしは最終的に損である。とっとと親元を離れよう。**ひとり暮らしでかかる生活費は有意義な自己投資なのだ。**遊びも仕事も恋愛も必然的に拡大していく。人生が豊かになるのである。

家賃が高めでも職場の近くに住もう

賃貸暮らしにおいて賢い物件選びの最大のポイントはなんだろう。家賃の安さ？違う。職場の近さである。職住近接《しょくじゅうきんせつ》というやつだ。

大半の人はオフィス街に職場があると思う。その付近の住まいの家賃はとうぜん高めだろう。でもそれでいい。**優先すべきは目先の家賃ではなくて立地だ。**時は金なり。職住近接なら、時間という大切な資源を得られる。

僕は日本に住んでいたとき、必ず職場から徒歩圏内の賃貸物件に住んでいた。通勤に時間がかからないから、朝起きて自宅でゆったり過ごせる。そして気分よく職場に出向き、仕事をこなす。あたりには飲食店がたくさんある。だから仕事を終えたあとの親睦会や飲み会も近所でこなせる。

終電を気にすることもない。タクシー代もかからない。お金も時間も節約できる。

毎日、満員電車ですし詰めになって通勤する人の気が知れない。それだけでヘトヘトのはずなのに、今日も明日も仕事に精を出すのだから日本人はタフだ。たぶんなにかが麻痺しているのだろう。非効率の極みである。

そんな毎日だと、とうぜんストレスはたまる一方だ。そしてそのストレス発散のためにマッサージや温泉に行って出費を重ねるのである。これではお金を稼ぐために働いているのか、働くためにお金を稼いでいるのかわからない。本末転倒だ。

家賃の安い郊外に住み、通勤に往復2時間かけるなんて馬鹿げている。まさに安物買いの銭失い。その2時間はなにも生まない。単なる時間の浪費だ。**それより職場の近くに住み、その2時間を有効活用するのが得策だ。**副業や趣味に使えばいい。

コロナ禍以降、リモートワークが普及した。ほぼすべての仕事を自宅で片づけられるなら郊外に住むのもありだ。でもそんな人は一握りだろう。

職住近接。たしょう家賃が高くても職場の近くに住んだほうが実はお得なのだ。

教育費という名の浪費

子育て世代の2大出費と言われているのが居住費（住宅ローン）、そして教育費である。教育熱心になるあまり家計が火の車になるなんて話もよく聞く。恐ろしい。

子どもにすれば、ありがた迷惑だ。親の期待を背負い、学習塾に通う毎日。なかなかのプレッシャーだと思う。でも残念なことに、頭の良し悪しはほとんど生まれながらにして決まっている。当たり前だが、費やした教育費に比例して勉強ができるようになるわけではない。

特に幼児教育（小学校就学前に施される教育）にお金をかけるのはどうかと思う。それで将来に役立つような目に見える能力が培われた子どもを僕は知らない。

もちろん徹底した幼児教育を施された子が社会人となって成功するケースはある。

でもそれは幼児教育のおかげではない。幼児教育にお金を費やせるということはその家庭に経済力があったからだ。**経済力があるということはつまり、親の知能はおおむね高い。子どもはその資質を受け継いだにすぎないのである。**幼児教育は関係ない。

幼児期の子どもにとって大切なのは好奇心だ。いかにそれを育むか。興味の対象が拡がれば、勝手にいろんな情報をインプットしていく。そうして将来、その子は自分の本当にやりたいことを見極める。それが稼ぐ力になるのだ。

だから幼児期の子を持つ親がやるべきことはひとつだ。**教育にお金をかけることではない。子どもの好奇心の邪魔をしないことだ。**右脳開発や知育に大した意味があるとは思えない。「なんとなく良さそうだから」と幼児教室に通わせるのはやめよう。

さして裕福でない家庭にかぎって、ムキになって身の丈に合わない教育費を投入しがちだ。そうして子どもを雁字搦《がんじがら》めにしてしまう。

稼ぐ力はお金をかけなくても培われる。お金と学びはトレードオフではない。教育費という名の自己満足に浸ってはいけない。お金のムダ遣いはやめよう。

高級ブランドで着飾るのは二流の小金持ち

自分を着飾るために高級ブランドの服やバッグを買い漁る人がいる。自分で稼いだお金をどう使おうが勝手なのだが、もったいないなとつくづく思う。コスパとしては最悪だ。

高級ブランドで身を固めたがるのは華やかに見えるからだろう。つまり見栄である。この見栄というものは厄介だ。際限がない。世のなか、どこまでいっても上には上がいる。

100万円の腕時計をつけて優越感に浸る。でも150万円の腕時計を巻いている人を見るとなんか負けた気分だ。いつかもっと高価な腕時計に買い替えたい。しかし買い替えたところで800万円、1000万円の腕時計をしている猛者が待ち受けている。

結局、高級ブランドを買って得られる優越感は一時的なものにすぎない。上を見れば切りがないのだ。コスパとして最悪と言ったのはそういう意味である。見栄にとらわれるかぎり、高級ブランドをめぐるラットレースを延々と繰り返すはめになる。

そしてしょうもない小金持ちにかぎってそんな泥沼にハマるのである。きっと本質的な部分で自分に自信がないのだろう。彼らにとって高級ブランド＝成功のシンボルなのだ。

かたや、本物の大金持ちは高級ブランドで競い合ったりしない。彼らには泣く子も黙るほどの資産がある。だからことさら自分を誇示するような真似はしないのだ。

自分に自信を持てれば、人の目なんてどうでもよくなる。当たり前だが、資産や社会的成功だけがすべてではない。趣味に没頭できて、心から人生を楽しんでいる人はそれだけで十分しあわせだろう。なにかをひけらかす必要もない。生き方に自信があるからだ。そんな人は高級ブランドで着飾らなくても魅力的に映るものである。

大切なのは人生を楽しめるかどうか。それに尽きる。**見栄を捨てること。くだらないラットレースに参加しないこと。**これも豊かに生きるための大事な秘訣である。

衣類は古着一択

僕はこの10年くらい新品の服を自分で買った記憶がない。日ごろ着ているのは友人・知人からのもらい物、もしくはお下がりだ（タダで入手したノベルティのシャツも重宝している）。おかげで生活費はだいぶ浮いている。衣類代はバカにならない。

あなたは普段、どうやって衣類を入手しているだろうか。当たり前だが、大半の人はお店で買っていると思う。では衣類代を抑える工夫はしているだろうか。ユニクロやＨ＆Ｍ、ＺＡＲＡといったファストブランドを買うようにしている？　それでは大した節約にはならないと思う。どのファストブランドも値上がりしている。以前ほどの割安感はない。

新品は高い。だから買うなら古着だ。メルカリを覗けば、たくさんの古着が安値で売られている。まさに選り取り見取りだ。

でも古着を敬遠する人は多い。あなたはどうだろう。古着NGの理由としてよく挙げられるのが生理的な抵抗感だ。他人が着用したものは着たくないというわけだ。

ところがそんな人でもなぜかホテルに用意されたパジャマはすんなり羽織る。そのパジャマは不特定多数の人が使った立派な古着である。それは大丈夫なのに、私服の古着はダメだというのは妙な理屈だ。**古着を敬遠する人の大半は「なんとなく嫌」という根拠のないこだわりにとらわれているように思える。そのこだわりは損だ。**

古着は襟や袖がヨレているから嫌だという人もいるだろう。でもどんな服でも何度か洗濯すればヨレてくる。新品のパリッとした見映えの賞味期限はほんのわずかだ。**あなたの着ている服が新品で買ったものか、古着で買ったものか、それを見分けられる人はいないだろう。**ようするに、新品と古着の見た目の差はないに等しいのだ。

新品と古着の違いは、単なる自己満足の問題だ。その無意味な自己満足のために高い新品を買うのはバカらしい。きれいな古着を買おう。

人は清潔感が9割

「人は見た目が9割」なんて言われる（コミュニケーションの成果において、外見、仕草、話しぶりといった非言語要素が90％以上を占めるというメラビアンの法則）。たしかに見た目は大事だ。見た目がいいだけで好印象。好印象はなにかと得をする。
だからみんな流行のファッションに身を包んだり、入念にコスメを施したりする。時には整形手術までして自分を盛りたがる。

でもずっとその調子だとお金も手間もかかって大変だ。**相手に好印象を与えるには、ある一点だけ押さえておけば十分である。それは清潔感だ。**

パッとしない服装だが清潔感のある人。最先端のファッションだが清潔感のない人。好感を持たれるのはどちらだろうか。前者のはずだ。〝人は清潔感が9割〟だと

思う。

清潔感をキープするのは簡単だ。髪を整える。爪を切る。シワのないシャツを着る。体臭対策をする。男ならヒゲを剃るか、きちんと手入れをする。以上である。**ようするに、身だしなみの基本中の基本をごく普通にやればいい。**

僕は自分の身なりにほとんどお金をかけない。服は着心地がよければなんでもいい。派手すぎなければ、デザインや色彩もこだわらない。ひとつだけ気をつけているのは、だれかに会うとき小汚い恰好はしないということだ。

僕の知人に週1回しかお風呂に入らない人がいる。それで不潔に見えるかというとそんなこともない。彼はいつも髪を切りそろえ、小ぎれいな服装をしているから、むしろ清潔感が漂っている。

肝心なのはあくまでも清潔「感」だ。それが好印象のポイントだ。とりわけ中年男性は心しよう。清潔感に無頓着だとますます見てくれが冴えなくなってしまう。なにもメンズエステに通う必要なんてない。身だしなみにちょっと気を配るだけで評価は上がるのだ。

最新家電は買うな

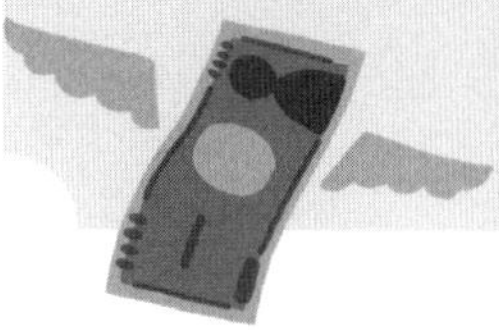

最新の家電やガジェットは魅力的に見える。でもそれは錯覚だ。実際のところ、そのほとんどが高い値段に見合うだけの価値はない。

僕がいま持っているスマホは2年前に発売されたiPhoneだ。まだまだ使い続ける。バッテリーが劣化して使いづらくなってはじめて、新型のiPhoneに買い替えるつもりだ。

2年前のiPhoneも、最新のiPhoneもスペックは大して変わらない。物理的なUI（ユーザーインターフェース）とカメラの性能がいくらか向上した程度だろう。最新モデルだからといって画期的な機能が搭載されているわけではない。わざわざ10万円以上も払って入手する理由がないのだ。

スマホにかぎらず、大半の家電やガジェットは徐々に進化していくものだ。つまり最新モデルとはマイナーチェンジにすぎない。

最新型テレビの利点はなんだろう。優れた画質と音質。スタイリッシュなデザイン。あと音声アシスタントなどのちょっとした新機能。そんなところだ。たかがそれだけである。テレビとはテレビを観るためにある。最新型でなくてもその目的は果たせる。

それにこまごました新機能が追加されたところで、それを存分に使いこなせる人はほとんどいないはずだ。いわゆるオーバースペック（過剰性能）というやつである。むしろ目障りだ。

洗濯機や冷蔵庫もそうだ。最新型なんて余計なスペックのかたまりだ。洗濯機は衣類を洗えて、欲を言えばタイマー機能があれば十分だろう。冷蔵庫は広めの収納スペースとごく普通の冷却力があればいい。

新製品が魅力的に見えるのは、どうでもいい新機能をメーカーがこれ見よがしに宣伝するからだ。それしか売りがないのである。「最新」に惑わされてはいけない。それはあなたがすでに所持しているものと大差ない。高いお金を払うに値しないのだ。

中古のデジタルガジェットは買うな

さっき言った古着にかぎらず、たいていのものは中古品で事足りる。テレビ、モニター、洗濯機、冷蔵庫、電子レンジ、ガスコンロ。製造年が古すぎず、目立った傷や汚れがなければ買いだろう。生活家電の基本性能はもはや向上の余地がないくらいのレベルに達している。型落ちでも何不自由ないはずだ。

一度でも使われたものは中古品だ。新品と遜色のない状態のものも出回っている。それで値下がりしているのだから狙わない手はない。なかでもゲームソフトにいたってはまず劣化しない。どうしても新作をやりたいなら新品もやむなしだが、それ以外はぜんぶ中古でいい。

ただし、中古は避けたほうがいい製品もある。その代表格がバッテリー（充電式電

池）で稼働するガジェットだ。バッテリーは使用するにしたがって衰えていく。特にいま主流のリチウムイオン電池は、100％充電の状態でさらに充電し続けたり（過充電）、充電容量0％の状態で放置したり（過放電）すると劣化が早まる。

バッテリーは繊細に取り扱う必要があるのだが、あんがい無頓着な人が多い。そしてバッテリーの残り寿命は見た目ではわからない。どんなに見た目がきれいでハイスペックなガジェットでも、バッテリーがダメならがらくただ。

だから中古のノートパソコンは買わないほうが無難だろう。バッテリーを買い替えなくてはならないリスクがある。それで結局、新品と変わらない出費になれば目も当てられない。

もちろんバッテリーが良好な中古ノートパソコンもある。でもそんな〝当たり〟を引く可能性は低い。ノートパソコンが必要なら潔く新品一択だ。

性能が劣化しやすいものは新品。そうでないものは中古。その区別を徹底する。それが賢い買い物なのである。

余計なモノはどんどん捨てる

賢く安上がりに生きるうえで、いちばん肝心なのは余計なモノを持たないことだ。あなたの部屋を見渡してみてほしい。もう何年も使っていないモノ、それどころか一度も使っていないモノが転がっていないだろうか。それがあなたの生活を窮屈にしているのである。

ほとんど着ることのない服。部屋の隅に放置されている雑貨や小物。一度も開いたことのない本。それらがこのさき、あなたの人生に役立つ日は来るのだろうか。いつか来る？　いや来ない。役立つならもうとっくに使っているはずだ。

そんな余計なモノを持ち続けるのは目障りなだけではない。**不経済である。ムダなコストが発生するのだ。そのすべてに場所代がかかっている。**あなたの居住スペース

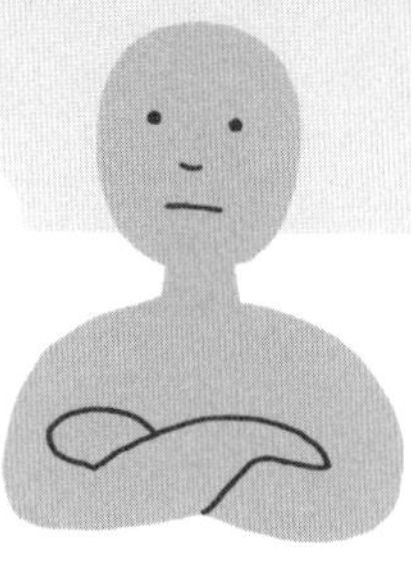

を奪い、家賃の何％かを食っているわけだ。

僕の知人にモノが増えすぎてトランクルームを借りている人がいる。べつに彼は裕福ではない。住まいは家賃数万円のアパートだ。「もったいない」「あとで使うかもしれない」とモノをため込み、トランクルーム代を毎月払い続ける。それこそもったいない。人が生きていくのにそんなにモノはいらないはずだ。

使わないモノはきれいさっぱり捨ててしまおう。捨てたあとそれがどうしても必要になったらまた買いなおせば済む話だ。そのほうが結局は安上がりである。

余計なモノを捨てれば、自分にとって本当に必要なモノを見直すきっかけにもなる。であれば、ムダな買い物はしなくなっていくだろう。

身軽になろう。あなたの人生から余分なコストを取り除くのだ。

第3章

趣味・娯楽

損得を考えて遊びましょう

趣味をマイナーチェンジする

趣味のない人生は退屈だ。みんなひとつやふたつ趣味があると思う。あなたはなんだろうか。趣味にはお金のかかる趣味と、お金のかからない趣味がある。散歩やジョギング、あるいは絵を描く。そんな趣味ならお金はかからない。最高に安上がりだ。スポーツジム通いやカラオケ、食べ歩きが好きな人はいくらか出費がかさむ。旅行やゴルフ、高級レストランめぐりともなればさらに出費は膨らむ。

趣味は末永く続けられるに越したことはない。お金がかからないほうがいいに決まっている。とはいえ、そこは自己満足の世界だ。他人がとやかく言う話ではない。趣味とはお金がかかるもの。そう割り切って楽しむのもそれはそれで楽しい。

でもその趣味を安く済ませられれば満足感はいっそう増す。旅行好きな人は、日常から離れていろんな文化に触れたり、羽を伸ばしたりするのが喜びだろう。**しかし僕らの日常は実に狭いものだ。あえて遠出しなくてもいろんな発見はある。**

地元の地域イベントやボランティア活動に参加するのも時として刺激的だ。ゆっくり過ごしたいなら、近場のシティホテルに宿泊するのも一興。行き帰りの面倒がないぶん気兼ねなくくつろげるだろう。なにより旅費が抑えられる。

ジム通いやカラオケにいたってはタダにする代替手段もある。**ユーチューブを活用するのだ。**そこにはプロのトレーナーが実技指導してくれる筋トレ動画がたくさんある。ダンベルさえ買っておけば、自宅でも効果的な筋トレができるだろう。

ユーチューブでカラオケを流して自宅で思うぞんぶん歌うのもありだ。ボイストレーナーの発声レッスン動画を観ながらやれば、磨かれた美声がますます磨かれる。

なかには趣味にかけるお金を工面するために必死に働く人もいる。**趣味は人生に潤いをもたらすものであるべきはずだ。金食い虫になるようでは困る。**だからまずはお金をかけずに楽しむ方法を考えてみる。それであなたの世界はぐんと拡がると思う。

「自分へのご褒美」は黄色信号

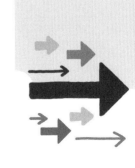

何日もかけて大変だった仕事をやり遂げた。充実感がこみ上げてくる。そんなとき「自分へのご褒美」と称してプチ贅沢をする人がいる。高級レストランで舌鼓を打ったり、ブランド品を買って自己満足に浸ったりするわけだ。がんばった反動でテンションがマックスになってしまうのだろう。それは僕に言わせればムダ遣いそのものである。

自分へのご褒美で得られるのは一時的な快楽だ。憂《う》さ晴《ば》らしと言ってもいい。衝動買いに走ったブランド品なんてなんの役にも立たない。せっかくのがんばりが水の泡である。がんばって働いたぶん浪費し、またがんばって働いて浪費する。そんな調子だとなんのために働いているのかわからない。

自分を労ってあげるのは大切なことだ。人はなによりもまず自分自身に優しくあるべきだと思う。でも「今月は大変だったから」とディナーを奮発するのはなんの労いにもならない。自分に優しい行為とは言えない。もちろん財布にも優しくない。

みずから目のまえにエサをぶら下げて自分の機嫌を取る。そうやってこなされる仕事とはなんだろう。知らず知らずのうちに、過酷なブラック労働を強いられているのではないだろうか。そうでないなら自分に向いていない仕事なのかもしれない。

もしプチ贅沢で自分をごまかして働いているのであれば転職したほうがいい。これまでさんざんがんばってきたのだ。それで培ったキャリアや実績を活かし、自分にふさわしいノンストレスな仕事に就く。それこそがいちばんのご褒美だろう。

「自分へのご褒美」は内なるSOS信号だ。そんな働き方はいつまでも続かない。じきに燃え尽きてしまう。

自分に向いた仕事に打ち込もう。そうすればバカらしい浪費はしないだろう。稼ぐことに追われず、もっと自由に生きられるのだ。

デジタル版じゃなく、現物を買おう

あなたはゲームソフトや本、漫画を買うとき、デジタル版を選ぶだろうか。それとも現物を選んでいるだろうか。**僕は現物だ。現物はなにかと融通が利く。**

デジタル版の便利さは言うまでもない。いつでもワンクリックでダウンロード購入してすぐ楽しめる。かさばらないのもいい。たとえ巻数の多い漫画だろうが好きなだけ持ち運べる。でも一方でデジタル版には看過できないデメリットが2つある。

ひとつは、飽きて無用になっても、デバイスのなかに眠らせておくしかないという点だ。使い道のないデジタルのゴミと化すわけだ。

もうひとつは、買っておきながらろくに使うことなく放置してしまう恐れがある点だ。特に電子書籍などにありがちだろう。なんとなく気分で買い、読んでいる途中で別の用事ができて小休止。でも小休止のつもりが読み継ぐ機会を逃し、いつしかその

まま興《きょう》が醒《さ》めてしまう。そんなケースはあなたも心当たりがあるかもしれない。

かたや現物ならそうしたデメリットとは無縁である。**そのゲームや本に飽きてしまっても眠らせておく必要はない。売ればいいのだ。**

また紙の本は部屋のスペースを食う。だからその本を本当に欲しいのか、本当に買うべきなのかの判断はデジタル版よりは厳しくなる。**いくらか立ち止まって考えるわけだ。ムダな本はそうそう買わなくなるだろう。**

現物かデジタル版かの選択肢があるものは、日ごろから現物を買うように心がけておくのが得策だ。特に新作ゲームは高値で買い手がつく。発売直後に買ってすばやくクリアしてメルカリに出品すれば、いい実入りになるだろう。もちろん中古を買った場合も遊び終えたら売ってしまう。それで得た軍資金でまたゲームを買えるのである。

紙の本は放置しておくとかさばる。だから短期集中で読みきろうという意欲が湧く。一度読んでもう十分ならこれまた売り払おう。安上がりに楽しむには現物主義のほうがいいのだ。

ギャンブルは国の養分になるだけ

人々を熱狂させるギャンブル。勝てばお金が何倍にもなる。時に数十倍、数百倍にも化ける。でもその原資はどこから来るのだろう。天から降ってくるわけではない。とうぜん参加者が持ち寄るのだ。

競馬、競輪、競艇。それら公営ギャンブルの還元率はおよそ75％。つまり胴元（国）が掛け金の４分の１を懐に入れ、残り４分の３を参加者に分配する。**テラ銭をせしめる国だけが確実に儲かる仕組みだ。**

たとえあなたが何度か勝ったところでそのラッキーはいつまでも続かない。やればやるほど勝ち負けの額は積み上がる。おそらく最終収支はマイナスだろう。しかもそうとうなマイナスだ。明白な数の論理、確率の論理である。参加者は国の養分なのだ。

でも負けても懲りずにギャンブルにハマる人は少なくない。勝ってまとまった配当

金を得たときの高揚感が忘れられないのだ。だから負けが込むといっそう躍起《やっき》になって取り返そうとする。いつか来るはずの一発大逆転。でも来ない。お金が尽き、やがて借金に走る。身の破滅だ。大谷翔平選手の元通訳・水原一平氏もそのひとりだった。

ギャンブル依存症は厄介だ。意志の力で克服するのは難しい。そもそも依存症だという自覚がない人も多い。ギャンブル好きの人はみんな危険である。もしハマりかけているなら、環境を変えてしまおう。ギャンブルのしづらい環境をつくるのだ。

競馬場、競輪場、競艇場の窓口は現金しか使えない。場外売り場も同じく現金のみだ。**だから現金を持ち歩かないようにする。完全なキャッシュレス生活に切り替えてしまう。それで大きな歯止めがかかると思う。**

ただしどの公営ギャンブルもクレジットカードやネットバンキングを用いたオンライン購入ができる。だからこの道も絶とう。アプリやアカウントは削除。もちろん削除しても再取得は可能だ。**でもそれは面倒な作業である。人は面倒な作業を嫌う。抑止効果があるはずだ。**

ギャンブルは金を巻き上げる悪魔だ。自分を大切にしたいなら近づいてはいけない。

宝くじは当たりません

みんな宝くじが大好きだ。18歳以上の約8割の人が一度は買ったことがあるという（日本宝くじ協会の調べ）。年末ジャンボ宝くじの当せん金は1等が7億円、1等の前後賞が各1億5000万円で、1等・前後賞合わせて10億円だ。2等でも1000万円である。その破格の当せん金にみんな吸い寄せられるわけだ。

でも宝くじの還元率はすさまじく低い。まえに述べたように公営ギャンブルの還元率が約75％。**宝くじになるとそれが45％だ。残り50％以上を胴元である地方自治体が持っていく。**まさに濡れ手で粟。人気タレントが出演する宝くじのCMががんがん流れているのは、地方自治体がそれだけテラ銭をたっぷり巻き上げている証拠だ。

還元率45％ということは、宝くじを買った時点でその購入額の半分以上が溶けるこ

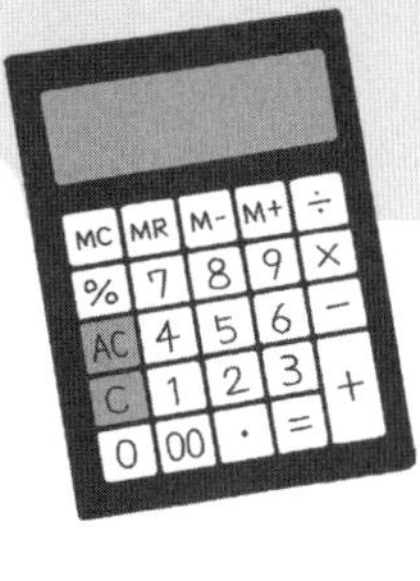

とを意味する。仮に購入額を超える当せん金を獲得しても繰り返し買っているうちに、当せん金額の合計は購入額の45％に縮小していくわけだ。損しかない。巧妙なぼったくりである。

「宝くじは夢を買うもの」そう言う人もいる。でも夢にもほどがある。年末ジャンボ宝くじの1等の当選確率は2000万分の1。**太平洋（面積＝約1億6600万平方キロメートル）に直径2センチのピンポン玉を1個投げ入れてそれをスプーンですくい上げるのと同じ確率である。**もはやそれは夢とは呼ばない。天文学的な奇跡だ。

かつて僕は雑誌のコラムに「宝くじは愚者の税金」と書こうとしたことがある。ところが編集部からNGが出てしまった。宝くじ事業はメディアの大切なクライアント（広告主）のひとつなのだ。かくして不都合な真実はひた隠しにされるのである。

夢を買うこと自体はいいと思う。でも宝くじで見る夢は「なにもせず大金持ちになれる」というくだらない幻想だ。宝くじなんて当たらない。当たるはずがない。どうせお金を払うなら、ほかのもっとマシな夢を見よう。

推し活では自己点検を忘れずに

２０２１年に流行語大賞にもノミネートされた「推し活」。いまやすっかり人々の娯楽として定着した感がある。アイドル、俳優、アニメキャラ、スポーツ選手。僕は推し活にまったく興味はないが、それで日々が潤うというのはなんとなくわかる。推し活仲間とあれこれ語り合うのも楽しいだろう。僕が友だちとわいわいテレビゲームに熱中するのと一緒である。

でも、たまに推し活にハマりすぎて見境をなくしている人がいる。見ていて心配だ。推し活もゲームもほどほどに楽しむからいいのだ。血眼になってしまえば生活に支障をきたす。推しのライブ遠征や投げ銭（デジタル課金）に湯水のごとくお金を使うような人はヤバい。推し活貧乏まっしぐらである。

推し活にはSNSコミュニティへの参加が不可欠だ。ライブや握手会の予定、あるいは最新グッズの発売。同じ推しを持つ人をたくさんフォローしておけば、それらのニュースを素早くキャッチできる。

でもSNSコミュニティは時として情報の「タコツボ化」も招く。似たり寄ったりの価値観のなかにどっぷり浸かっているとフラットな感覚が失われていくのだ。するとどうなるか。チケットやグッズの争奪戦がエスカレートして高額転売されても受け入れてしまう。多額の投げ銭をすることが美徳と化してしまう。**でもそんな自分のヤバさに気づかない。コミュニティではそれが普通だからだ。**

推しのためにひたすら出費を重ねたさきに未来はあるのだろうか？　ない。心の支えだったはずの推し活に生活を蝕まれて終わりだ。そんな悲惨な目に遭わないためには定期的に自己点検をしたほうがいい。**たとえば、毎月どれくらい使っているのかを会社の同僚に話してみよう。それで目を丸くされたら、常軌を逸している証拠だ。**

推し活は、推しのためにあるのではない。自分のためにある。どんな推しに対してもいつかその愛情は薄れる。冷めないスープはないのだ。健やかに楽しく、推し活に励もう。

SNSのリア充自慢はフィクション

だれもが簡単に情報発信できる1億総SNS時代。SNSには有益な情報もあれば、無益な情報もある。いちばん無益などうでもいい情報はリア充自慢だろう。特にインスタグラムにはそれがあふれている。豪華なディナーや人気スポットを訪れた様子をさりげなくアップし、「いいね」をもらう。この、さりげなく、というのがミソである。嫌味にならないよう上手に自慢するのだ。そして「いいね」の数のぶんだけ承認欲求が満たされる。それが快感なのだろう。ある種の中毒に近い。

リア充といえばインフルエンサーである。一昨日はレジャー、昨日はパーティ、今日は美食。彼らが見せつける日常は華やかだ。でもべつに彼らは大金持ちではない。そんな暮らしは普通に考えて無理がある。

インフルエンサーはSNSをバズらせるプロだ。あれこれ趣向を凝らし、「いいね」を集め、たくさんのフォロワーを獲得する。そしてその影響力を売りにして企業から広告案件を得て稼ぐのである。**もちろんそれはラクな仕事ではない。バズらせ続けるのは大変だ。表向きは華やかだが、陰で必死にがんばっているのだ。**

たとえば、人気インフルエンサーでタレントのGENKING.さんは、かつて華やかな暮らしを演出するために、ブランド品の購入と転売を繰り返し、最後には借金地獄に陥ってしまったそうだ。人は毎日、リア充でいられるはずがない。

インフルエンサーのリア充はほぼフィクションである。そしてそれが彼らの仕事だ。一般人がリア充自慢をしたところで無益だ。インスタ映えを狙い、安くもないカフェに出向く。無益な「いいね」を得るために出向くのである。**そんな調子で出費が増えれば、とうぜん生活費は圧迫される。リア充どころか幸福度は下がっていくだろう。**

アラブの石油王たちのインスタグラムを見てみよう。ライオンをペットとして連れ歩く。プライベートジェット機をポンと買う。スケールが違う。まさに本物のリア充である。僕らのリア充自慢なんてむなしいだけだ。承認欲求はほかのことで満たそう。

趣味はお金を呼び込む

あなたの趣味はなんだろうか。映画鑑賞、読書、ゲーム、手芸、アウトドア、コスプレ、食べ歩き、旅行。たかが趣味、されど趣味だ。好きこそ物の上手なれともいう。ひょっとしたらそれはお金になるかもしれない。

いまやネットで個人がなんでも売り買いできる時代だ。あなたの手芸作品やプラモデル作品を欲しがる人がいるかもしれない。いちどメルカリに出品してみよう。買い手がついたらラッキーだ。趣味がお金になるのは最高だろう。試す価値はある。

物品だけではない。コンテンツも売れる。ｎｏｔｅを利用しよう。食べ歩きや旅行が好きならその体験記を記してみる。映画鑑賞や読書が趣味なら、あなたなりのウンチクを披露してみる。**そこで思わぬ反響があるかもしれない。反響がなくてもムダにはならない。書き残すという作業を通じてその趣味はいっそう深まるはずだ。**

ゲーム好きの人もマネタイズできる。その王道はユーチューブでのゲーム実況動画の配信だろう。**でもユーチューブ以外のキャッシュポイントもある。ゲームをプレイするのではなく、つくってみるのだ。**

オンラインゲームの「フォートナイト（Fortnite）」や「ロブロックス（Roblox）」では、そのゲーム内で自作ゲームを公開できる。自作といってもプログラミングなどの専門知識はいらない。だれでもゲームをつくれる専用ツールが用意されている。だからアイデアひとつあればいいわけだ。その自作ゲームが他のユーザーにプレイされれば、制作者のあなたにロイヤルティが入る仕組みになっている。いまフォートナイトもロブロックスもこのUGC（ユーザー生成コンテンツ）機能に力を入れている。**なかには数千万円、数億円稼ぐ猛者もいるほどだ。**

いま活躍中のクリエイターのなかには遊び感覚ではじめた人も少なくない。せっかくの趣味だ。あなたもその可能性を拡げてみよう。趣味は自分が楽しめれば十分。それはそのとおりである。でもマネタイズを意識して興じるのもまた楽しいと思う。

面倒な家事はゲーム化

家事が好きな人はいないだろう。いくら料理が得意でも毎日つくるとなれば重労働だ。なにより面倒なのは後片づけだろう。夕食を平らげてお腹いっぱいなのに洗い物に立つ。なかなかつらい作業だ。

日々の掃除や洗濯もいちいち骨が折れる。食洗機、ロボット掃除機、乾燥機付き全自動洗濯機――。人類はテクノロジーの粋を集め、家事の簡略化に挑み続けている。でもまだまだだ。結局、こまごましたところは人力でやるしかない。寝ているあいだに家事がすべて終わっている。そんな未来が訪れるのはずいぶん先の話だろう。

テクノロジーの力をもってしても家事の煩《わずら》わしさは克服できない。**であれば、発想を変えてみよう。家事をゲーム化してしまうのだ。単なるタスクではなく、試行錯誤**

して楽しむクエスト（探求）にするのである。

冷蔵庫の余り物だけでおいしい料理をつくってみる。調味料を極力使わずに調理してみる。フライパンひとつで済ませてみる。そんなクエストをみずから課して、チャレンジ精神を発動させる。すると夕食づくりは立ちどころにエンタメとなる。もちろん毎日そんな真似をする必要はない。やりすぎるとそれはそれで大変だ。ゲーム化は2～3日に1回で十分だろう。ようはマンネリを打破できればいいのだ。

掃除なら、5分でどこまで片づけられるかというミッションに挑む。あるいは散らかりにくい部屋のレイアウトを練ってみる。洗濯であれば、取り込んで畳んで収納するまでの最速記録に挑戦してみる。

そうこうしているうちに、あなたの家事スキルはめきめき上がるだろう。時間コストが縮減されるわけだ。家事のゲーム化の効用はかつて子どもたちがこぞって取り組んだ『うんこドリル』と一緒だ。面倒な勉強もアングルを変えれば遊びと化す。

来る日も来る日も家事を淡々とこなすのはしんどい。でもちょっとした工夫で楽しい彩りを帯びるのだ。僕ら大人も『うんこドリル』に学ぼう。

第4章

稼ぎ方

「やりがい」「やる気」はいりません

副業で人生を豊かにする

「この仕事をやめたら生活が立ち行かない」「いまより条件のいい仕事は見つからない」そんな調子でストレスまみれの環境にしがみついていないだろうか。

いちど冷静に考えてみよう。いくら給料が良くても精神がすり減るような働き方を続けるのは不幸でしかない。

ストレスのせいで衝動買いや浪費が増える人もいるだろう。最悪の場合、体調不良で働けなくなることだってある。生活のために仕事に励んでいるのにそれでは本末転倒だ。

そんな最悪の事態を避けるにはやはり転職がいちばんだろう。ストレスが減れば浪費も抑えられる。なにより健康的だ。生活全体の満足度は確実に上がる。

転職で収入を下げたくない？　それなら副業という手がある。副業といっても大それたことをする必要はない。ブログ、動画編集、オンライン販売。**いまの時代、初期投資をかけずに自宅でできる副業はいくらでもある。**

副業であれば自分のがんばり次第で収入を増やせる。会社に頼らなくても稼げるという自信もつくだろう。上司との相性や運で評価されることもない。

副業で培ったスキルが本業に好影響をおよぼすこともあるだろう。副業で得た人脈があらたな仕事のチャンスをもたらすかもしれない。僕自身がまさにそうだった。

ストレスフルな職場にしがみつくのではなく、みずからストレスフリーな環境をつくろう。それがあなたの幸せに直結するのだ。

苦手な仕事は無視しよう

苦手なことを克服する。それはそれで大切だ。でもコスパは悪い。苦手なことにとらわれるのではなく、得意なことをさらに伸ばすほうが得策だ。

苦手なことを克服するには時間と労力がかかる。なにより成果が出にくい。一方で、得意なことを伸ばせば短期間でパフォーマンスがいっそう向上する。

日本の学校教育ではすべての教科で弱点がないことが良しとされる傾向がある。でもテストの総合点で評価されるのだから、どの教科で点数を取ろうが1点は1点だ。**それなら得意な教科に集中して点数を稼いだほうがいい。苦手な教科に躍起になってしまうと、全体に悪影響を及ぼしかねない。**苦手な教科は最低限の対策で十分だ。そうやって時間と労力の効率化を図るのである。

仕事でも同じだ。たとえば、エンジニアの多くは営業活動よりもプログラミングや設計に集中することで成果を上げる。あるいは経営者も帳簿管理など細かい作業には時間を割かず、ビジョン策定や人材育成などに集中する。これらはいずれも「余計な仕事で勝負せず、得意な仕事を最大化する」という合理的な判断によるものだ。

経済学に「比較優位の法則」というものがある。自分の得意分野に集中し、そうでない分野はそれが得意な人物に任せれば、全体の生産性は高まるというものだ。

実際、テクノロジーの進化やトレンドの変化がめまぐるしい現在、ゼネラリストよりスペシャリストが求められるようになってきている。**ひとつの分野で圧倒的な成果を出すほうが存在感は際立つ。人材価値が高まるのだ。**

苦手な作業は無視して、自分の強みを活かせる分野で勝負しよう。

職業に「好き」はいらない

「好きなことを仕事にしよう」「天職を見つけよう」転職サイトでよく見かけるフレーズである。僕はあまり感心しない。

もちろん好きなことを職業にできるなら、それがいちばんだ。でも現実はそんなに単純ではない。**「天職」なんてそう簡単には見つからない。そもそも存在しないことだってありえる。**

仕事とはだれかのニーズに応えて対価を得る行為だ。だから「自分が好きなこと」と「仕事として成り立つこと」が一致するケースは限られる。

かつて僕もゲーム好きが高じてゲーム業界の仕事に飛び込んだことがあった。でも、仕事としてゲームに関わるうちに純粋に楽しめなくなってしまった。だから早々

にやめた。**「好き」を基準にした働き方は、ストレスになることもあるのだ。**

いまや65歳定年どころか70歳まで働く時代だ。「好き」を基準にすると、いつか行き詰まってしまう。

それより大切なのは心身をすり減らさない働き方だ。そのほうが持続可能だし、人生全体の収入も多くなるだろう。

バラエティ番組「笑っていいとも！」の司会を32年間続けたタモリさんのモットーは「無理さえしなければ長続きする」だそうだ。短距離走ではなく長距離走。全力疾走を繰り返すのではなく、長期的視点に立ちマイペースで走る。そうすればいつまでも燃え尽きず、自分の仕事を愛せるのである。

好きなことは仕事に絡めない。趣味として楽しむにかぎる。それが末永く幸せに生きていくためのコツだろう。

難しそうな仕事こそ、おいしい

自分には無理そう。面倒くさそう。世のなかには一見そう思わせるような仕事がある。とうぜん多くの人はそれを避けたがる。ということは見方を変えればチャンスである。

そこは競争相手が少なく、需要が供給を上回る。高収入が期待できるのである。

一般的に「難しい」「面倒」と思われていても、実際にはそうでもないケースがほとんどだ。たとえば、プログラミングはその典型だろう。

プログラミングの基礎はせいぜい運転免許を取る程度の難易度だ。小学生がプログラミングを学んでいる時代に、大人が「自分には無理」と決めつけるのはおかしい。

プログラミングスキルを身につければ、仕事の幅は大きく拡がる。プロジェクトマネージャーがプログラミングを理解していれば、エンジニアとのやり取りがスムーズになり、開発のスピードと精度は格段に増す。起業する際には、みずからプロトタイプをつくってアイデアを形にし、開発コストを抑えながらビジネスをスタートできる。

いま、ITやAIの進化でプログラマーの需要は爆発的に増えている。でも勝手に苦手意識を持つ人が多いからか、人材不足が続いているのだ。

「難しそう」「自分には無理そう」と決めつけておいしい仕事を退け、だれでもできる仕事、代わりがきく仕事にせっせと汗をかく。そんな仕事は収入上限も低く、大したキャリアアップも望めない。みずから進んで貧乏くじを引いているのである。

Web3やメタバース、SaaSといった新しい技術を用いたビジネスで大儲けしている企業も少なくない。

一見、難しそうに見える分野にこそチャンスがあるのだ。

仕事にやる気はいらない

仕事にやる気が持てない。そんな悩みを持つ人も多いようだ。でも仕事にそんなものは必要だろうか。むしろ、やる気なんて度外視したほうがはかどる。

やる気のある人ほど完ぺきを求めがちだ。いつも１００点を目指そうとする。しかし１００点満点なんかありえない。無理だ。結局、中途半端にタイムリミットを迎えるはめになる。完ぺきを求めると、その繰り返しでどんどん疲弊してしまうのだ。

仕事で大切なのは「やる気」ではない。きっちり終わらせることだ。つまり「仕事を淡々とこなす力」が物を言うのである。

たとえばプログラマーにとっていちばん重要なのは、いかに手間を減らし、効率よくやり遂げるかだろう。でも無暗に熱意のあるプログラマーは独自のアルゴリズムを

考案するだけでなく完ぺきなコードまで書こうとする。報酬に見合わない時間と労力を費やすわけだ。

かたや、「やる気」を持ち込まないプログラマーは既存の優れたコードを援用し、最短ルートで業務をこなしていく。短時間で、クオリティの高い成果物を仕上げられるのだ。そのように淡々とこなせる人が勝者である。

作業を簡略化すると「もっとクオリティの高いものを出せ」と言われることがあるかもしれない。でも気にしないことだ。相手の高望みにいちいち付き合っていたら消耗してしまう。無理難題を押しつけてくる人ほど、自分勝手で人任せである。あなたのできる範囲で見切りをつけよう。

仕事とは単なる仕事だ。それ以上でも以下でもない。自分の時間やエネルギーをなにに注ぐかは、あなたの持つ最大の権利だ。

あなたの人生の主役はあなたである。それを忘れてはいけない。

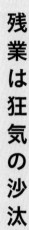

残業は狂気の沙汰

寝てない自慢。残業自慢。いまだに日本にはびこる悪習だ。忙しい人は偉い。ずっと働く人は立派。それが美徳としてまかり通っているのである。

夜遅くまで残業している人は、よほど難しいミッションに取り組んでいるのだろうか。そんなわけはない。そこはペンタゴンでもＣＩＡでもないのだ。一介の会社員がやる仕事なんてたかが知れている。

残業は単なる怠けだ。仕事の効率化を怠けているのである。いくら効率化しても業務がどんどん降ってきて帰れない？　であれば、ブラック企業である。そのままだとろくなことはないだろう。将来性もない。腹を決めて転職しよう。

僕が住んでいるフランスではみんな終業時刻になった瞬間、鞄を携えて帰っていく。限られた時間のなかで仕事を終わらせる。仮に終わらなければ明日やればいい。会社は従業員に過剰な要求をすべきではない。それが彼らのデフォルトの感覚だ。仕事は仕事。プライベートはプライベート。日本人より人生の楽しみ方を知っているかもしれない。

長時間労働に明け暮れる。それは仕事の奴隷にほかならない。そしてその奴隷が群れをなしているのが日本の会社組織である。**来る日も来る日も、朝から晩まで会社で過ごす。30年、40年とそれを繰り返すのだ。サービス残業なんて狂気の沙汰でしかない。**

残業も寝不足も悪だ。時短と効率化こそが正義である。効率よく物事をこなしていけば、そのぶん人生は充実していく。いろんな時間を過ごせるからだ。

定時で帰ろう。ほかの人が机にかじりついているのを尻目に帰ろう。周りから「もう帰るのか?」と白い目で見られるかもしれない。大丈夫だ。そのうち「あの人はそういうスタイル」とお墨付きをもらえる。

資格取得はコスパ最強の自己投資

キャリアアップして効率よく稼ぎたい。それならいちばん手っ取り早いのは勉強して資格を取得することだろう。ただし、いっけん価値があるように見えて、なんの足しにもならない資格もあるから要注意である。

たとえばＩＴ業界への転職を見据え、「ＩＴパスポート」の資格を取った。これはダメだ。ＩＴパスポート試験に合格したところで転職市場の売りにはならない。ＩＴパスポートとはその名のとおり、あくまでＩＴに関する基礎知識を習得した証しだ。つまり実用性は皆無である。補助的なスキルにすぎない。

せっかく勉強時間を費やして資格取得に励むのだ。有効な武器にならなければ勉強した甲斐がない。**ＩＴ業界への足がかりをつくりたいなら、まずは「基本情報技術者**

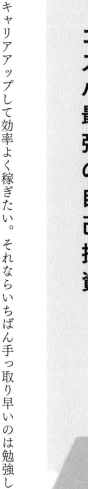

試験」の合格を目指すのはありだ。合格者は情報システムの構築・運用について踏み込んだ知識を習得したことになる。なにができるかの判断材料になる。

ITについてさして予備知識がない場合、基本情報技術者試験に受かるには200時間程度の勉強が必要だとされている。1日に3時間勉強するなら、わずか2か月あまりだ。高いハードルではないだろう。

個人的にいちばんおすすめの資格は「日商簿記2級」である。簿記初学者の場合、一般的に400時間程度の勉強で合格できると言われている。

簿記2級を持っていると経理職に就くうえで非常に有利だ。日本のほぼすべての企業で経理業務は不可欠だ。だから仕事に困らなくなる資格なのである。

キャリアアップのための資格取得を目指すうえで大事なのは、相手にとってその価値がわかりやすいスキルに絞ることだ。加えて、少ない勉強時間で獲得できるものがいい。それはコスパのいい自己投資となる。

いまいる環境で重宝される資格を狙おう

実用性のみならず、希少性も有する資格やスキルともなれば最強である。希少性とは、取得難易度が高い資格という意味ではない。いまあなたがいる環境で重宝されるスキルのことだ。

たとえばあなたが海外で暮らすなら、日本語教師の資格は大きな強みになる。当たり前だがそこでは日本語を自在に話せる人が少ないからだ。引く手あまただろう。

もちろん日本在住の日本人がその資格を持っていても大きなアドバンテージにはならない。**ようするに資格やスキルの価値は環境次第で変わるのだ。**

プログラミングスキルはソフトウェア開発会社においては珍しくもなんともない。でも、たとえば地方の中小の小売企業においては貴重なスキルと化す。そこでウェブ

サイトの構築をできる人材はそういないだろう。一転してプログラミングスキルが重宝されるのである。レアな存在になれるのだ。

語学力にしてもそうだ。職業によってはその価値が跳ね上がる。営業マンとして中国語を駆使できれば、その企業のアジア展開におけるキーパーソンとなるのだ。

メンタルヘルス系の資格（産業カウンセラーなど）を備えた人事労務担当者もありがたがられる。人事労務の仕事は単調なものになりがちだ。でも産業カウンセラーの顔を持っていれば、活躍の場が増えるだろう。人材価値が増すのである。

どんな資格をどんな環境で活かすのか。それ次第で資格取得に費やした労力に対するリターンは大きく変わる。

レアなスキルを得て、レアな人材になる。それはすなわち、最小の労力で最大のリターンを得るに等しいのだ。

英語力さえあれば怖いものなし

今後、もっとも得するスキルをひとつ挙げるとすれば英語力だろう。

日本で暮らすぶんには英語が話せなくてもなんら支障はない。**でも仕事の自由度を拡大するうえで英語力は最高のスキルだ。**英語力があれば賃金の安い日本を離れ、海外で働ける。実際に海を渡るかどうかはともかく、仕事の選択肢が増えるだけで気持ちに余裕ができるだろう。

僕は英語とフランス語をすこし話せるが、どちらもアメリカ、フランスに実際に住んで、現地の言葉を使わざるをえない環境に身を置いたことで覚えていった。英語力をつけるには何年か海外で暮らすのがいちばん手っ取り早い。

もちろん、だれもがそう簡単に海外留学できるわけではない。でも、なにも無理する必要はない。日本にいながらにして効率よく学ぶ手段はいくらでもある。日本にいながら英語を話さなければならない環境に身をおけばいい。外国人の彼氏・彼女を見つければ自然と英語は身につく。それが難しいなら、映画を英語字幕でひたすら鑑賞しよう。それも効果的な学習法だ。

日本を訪れた外国人観光客に英語で話しかけてみるのもいい。身振り手振りを交えれば、片言の単語でも会話は成り立つ。何度もそれを繰り返すうちに語彙《ごい》は自然と増えていくものだ。**英語は学問ではなく文化だ。触れているうちに身につくのである。日本人はみんな日本語を話せるのと同じだ。**

AIの進化で英語スキルは不要になる？　それは違う。翻訳機を介すると会話のテンポが崩れる。微妙なニュアンスやジョークが伝わらないのだ。

いま国内でも英語力はますます重宝されている。ご存じのとおりインバウンドが急増しているからだ。北海道のニセコが代表的だが、外国人観光客相手の仕事は軒並み高収入である。インバウンドの波は都心部やニセコにかぎらず、苗場や白馬などのスノーリゾートや日本各地の田舎町にも拡がりつつある。

いまや英語を学ばない理由を見つけるほうが難しいのだ。

大学進学で人生はイージーになる

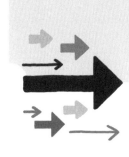

「大学に行ったところで大して得るものはない。学費を払うだけムダだ」「社会に出れば実力勝負だ。学歴は関係ない」それは本当だろうか？

たかが学歴、されど学歴だ。世のなかは高学歴者が得をするようにできている。学歴神話はいままでも、そしてこれからも揺るがない。

企業の新卒採用では「学歴フィルター」が幅を利かせている。応募者のその人個人を評価するまえに、まずは出身大学で足切りするのである。

ある調べによると、ターゲット大学を設定している企業の割合は、全体の約40％。大企業（従業員1001名以上）に限っていえば55％だ。二流、三流、ましてＦラン大学は採用試験の土俵にすら上がれないわけだ。

では、高学歴者と低学歴者とではどれくらいの能力差があるのだろうか。ほとんど変わらないはずだ。日本の大学は入学さえすれば、ろくに勉強せずとも卒業できる。一流大学だからといって特別なスキルが身につくわけではない。

それでも企業が学歴フィルターを用いるのは、人材採用に多額のコストがかかるためだ。効率よく優秀な人材を獲得するうえで、まず学歴でふるいにかけるのは合理的だろう。大企業は給与も高く、福利厚生も充実している。高学歴という肩書きさえあればその門戸は開かれるのである。かたや低学歴者はお払い箱だ。残酷だが、それが現実である。

大学に進学するとどうぜん学費がかかる。国公立大学の在学4年間の平均学費は約500万円（日本政策金融公庫の調べ）。決して安くはない。**でも大卒の生涯賃金は高卒よりも平均でおよそ5000万円多い（労働政策研究・研修機構の調べ）。10倍のリターンである。学費は実にコスパのいい投資なのだ。**

学歴差別は強烈だ。もちろんそれに賛同するつもりはない。でも現実は現実として、高学歴であるほど人生がイージーになるのは間違いない。

投資マインドがお金の不安を消す

お金はお金を生む――。僕の知るかぎり、**本物のお金持ちはムダ遣いをしない。彼らの消費行動にはいつも投資マインドがともなっている。**

車はリセールバリューが高いものを買うし、高級時計も値崩れしにくいモデルを選ぶ。新居選びも「このマンションは将来、値上がりするだろう」と確信できる物件を購入する。

実際、僕の知り合いは人気モデルのロレックスを買って数年後に売却したところ、購入額より高く売れたそうだ。高級腕時計を楽しみ、最後には利益まで得たのである。

単なる消費はしない。つねにリターンを念頭に置いておく。それにまさる賢いお金の使い方はないだろう。

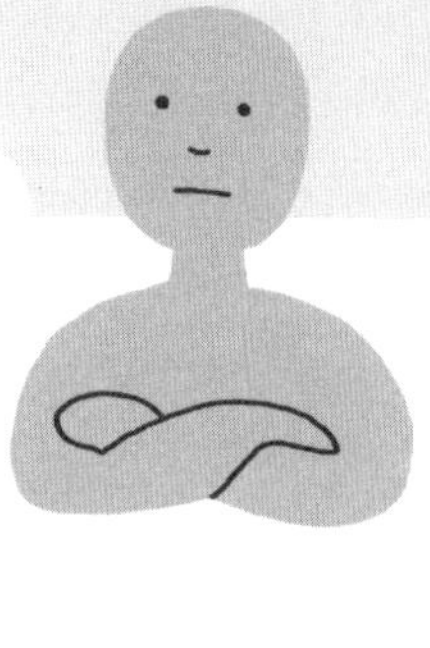

さっき述べた資格取得や大学進学もまさにそうだ。高い費用対効果が見込めるものにはためらわずリソースを費やす。結局、そのほうがあとあと得をするのである。

「貯金はするな。有り金はぜんぶ使え」ホリエモンこと堀江貴文さんの口癖である。これはムダ遣いをしろと言っているのではない。将来につながることにお金を積極的に使い、そこで得たものを使ってさらに稼ごうという考えだ。

事実、堀江さんはあれだけ稼いでいるのに貯金は1000万円にも満たず、稼ぎのほとんどを事業投資にまわしているという。

少しまとまったお金を手にすると気が大きくなり、リターンを無視した消費に走ってしまう人がいる。そんな調子だとお金は出ていくばかりだ。一生、お金の不安から逃れられないだろう。

かたや、手元のお金の価値を最大化することに意識的な人、つまり投資マインドが根づいている人は、お金でお金を生み出していける。**お金に縛られた人生から解放されるのである。**

ＮＩＳＡか？ ｉＤｅＣｏか？

いま日本はかつてない投資ブームだ。その決定打になったのは２０２４年1月にスタートした新ＮＩＳＡ（少額投資非課税制度）だろう。従来のＮＩＳＡ（旧ＮＩＳＡ）から大幅な改良が施され、生涯投資枠（非課税で投資できる限度額）が１８００万円に増額。年間の投資上限額も３６０万円に拡大された。通常の投資の場合、運用利益に対して約20％の税金がかかる。でもＮＩＳＡを使えば全額免除だ。まさに破格の税制優遇制度。将来に不安を持つ国民が資産形成を目指して飛びついたわけだ。

またＮＩＳＡと同様に運用利益が無税になるｉＤｅＣｏ（個人型確定拠出年金）の加入者も急増している。ｉＤｅＣｏの年間の掛金の上限額は、会社員（厚生年金のみ加入の場合）なら27万６０００円、個人事業主なら81万６０００円。ＮＩＳＡに比べると少額だ。でも今後、それぞれ74万４０００円、90万円に増額される見込みだ。さらにｉＤ

eCoでは掛金全額が所得控除になる。これはNISAにない大きなメリットだ。

ではNISAとiDeCoのどちらがいいのだろうか。僕としてはNISAのほうが賢い選択だと思う。iDeCoはあくまで「年金」なので、原則として60歳まで引き出すことができない。それがネックと言えばネックだ。

たとえば、あなたがあるとき画期的なビジネスのアイデアを思いついたとする。事業資金が必要だ。でもiDeCoでいくらお金を積み立てていてもそれは使えない。

一方、NISAならいつでも現金化できる。特に若いうちは「使えるお金」を持っておくことが大切だ。お金でしか得られない経験やスキルが時として人生の選択肢を大きく拡げてくれる。

とはいえ急な出費に迫られ、株価の暴落時に売却せざるをえないような事態は最悪だ。だから、ある程度の預金を確保したうえでNISAにまわすのが賢明だろう。

投資の最大の支援者は時間である。長期運用すればするほど複利効果が大きくなり、雪だるま式にお金が増えやすい。投資をするならできるだけ早くNISAを使って自由に使える資産を増やそう。もし余裕が出てきたらiDeCoも検討してみればいい。

インデックスファンドがコスパ最強

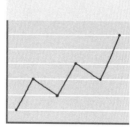

ＮＩＳＡは運用利益が非課税になるお得な「器（運用口座）」である。では、その器に入れたお金をどこに投資すればそのお金はさらに増えやすくなるのだろうか。

いま書店には投資初心者向けの投資指南書がずらっと並んでいる。でもどれも書かれている内容はほとんど同じだ。ＮＩＳＡを使い、インデックスファンドに投資しよう。インデックスファンドならリスクを最小限に抑えた手堅い運用ができる。毎月、自分が拠出できる範囲で積立投資をしていくだけだから手間もかからない。証券会社は手数料（信託報酬）が安いネット証券を利用しよう。そうして10年、20年と長期運用すれば資産はかなり増えるはずだ。――どれも要約するとそんな内容だろう。

僕の答えもそれと一緒だ。**投資の世界に裏ワザなんてない。常識的な考えに基づい**

てやるまでだ。勝算の高さから言って、インデックスファンドに投資するのがベストである。インデックスファンドとは、市場全体の動きを表す代表的な指数（インデックス）に連動した成果を目指す運用商品のことだ。

あくまで指数に連動するのだから、個別銘柄を選定する面倒な作業はいらない。また多数の企業に自動的に分散投資されるのでリスクも軽減される。「投資先の企業がつぶれたらどうしよう」といった個別株投資につきまとう不安とは無縁である。

おすすめのインデックスファンドは、全世界の株式に分散投資するタイプの商品か、米国株式の株価指数のひとつであるＳ＆Ｐ５００に連動する投資成果を目指すタイプの商品だ。Ｓ＆Ｐ５００はアップル、エヌビディア、マイクロソフト、アマゾン、テスラなどの巨大テックもすべて網羅した優良な約５００銘柄で構成されている。Ｓ＆Ｐ５００の過去20年間の年率平均リターンは約８％と絶好調だ。

インデックスファンドには個別株投資のような爆発力こそないものの、長期運用によって着実な成果を期待できる。**やるべきことは株価の変動に左右されず淡々とお金を積み立てていくことだけだ。**全世界の株式や米国株式に広く分散投資する。手間をかけずに資産を増やすうえで、インデックスファンドにまさるものはない。

個別株の少額投資はやるだけムダ

最近の投資ブームにともない、個別株に興味を持つ投資初心者も増えている。手堅い資産形成を目指すならインデックスファンドがベストだが、個別株投資なら短期間で株価が何倍にもなる爆発的リターンを得られるかもしれない。それを期待しているのだろう。でもそんなリターンは極めてまれだ。個別株投資で儲けるのはかなり難しい。下手を打つと大損する。

それでもどうしても個別株に投資したいなら、まずはＮＩＳＡの生涯投資枠１８００万円をインデックスファンドで埋めてからにしよう。それくらいの資産があればリスク許容度も高いだろう。しっかり資産を蓄えて踏み切るのが賢明だ。

投資のプロでも個別株で勝ち続けるのは容易ではない。ファンドマネージャーが手がける運用商品のひとつにアクティブファンドというものがある。アクティブファンドは、S&P500や日経平均株価といった代表的な指数を上回る投資成果を目指して運用される。ファンドマネージャーがさまざまな企業を調査・分析して、独自の判断で個別銘柄の選定や売買を行い、市場平均超えの成果を目指すわけだ。

でも数多くの調査研究によって、アクティブファンドとインデックスファンドのパフォーマンスはほぼ同等であることが明らかになっている（むしろアクティブファンドは信託報酬が高いため、インデックスファンドより不利な商品とも言える）。

知識・経験・情報・ノウハウに秀でたプロが奮闘したところで、せいぜい市場平均止まり。つまりそれだけ個別株投資は手を焼くものなのだ。ましてや投資初心者ともなれば言わずもがなだ。しかも元本が少なければ、運よく勝てたとしてもリターンはわずかである。個別株に100万円を投資して10%のリターン。その際の儲けはたったの10万円だ。高いリスクを取って10万円。割に合わない。

投資とは元手が大きいほど有利なゲームだ。少額で個別株投資に挑むのは悪手でしかない。まずは貯金やインデックスファンドで堅実な資産形成をはかるのが先決だろう。それがもっとも効率的な投資戦略なのである。

専業投資家はいばらの道

株式投資で勝った。大きなリターンを得た。すると「自分には才能がある」と思い込んでしまう人がいる。仕事を辞めて専業投資家になろうか。この調子なら投資だけの不労所得で食べていけそうだ。そんな考えがよぎるかもしれない。**でも悪いことは言わない。やめておこう。専業投資家はラクではない。それどころか、いばらの道だ。**

短期投資で勝ったのはたまたま運が良かっただけだ。相場はつねに変動する。どんなに優秀なアナリストも、一流の機関投資家（法人の大口投資家のこと）も、株価の値動きを正確に予測するのは不可能だ。情報も資金も時間も限られた個人ならなおさらだ。

カリスマトレーダーで知られるテスタさんは、投資歴20年で総利益１００億円超えを誇る専業投資家だ。彼の成功の理由ははっきりしている。天才的な嗅覚、そして圧

倒的な努力である。日中は市場から片時も目を離さず、市場が閉まったあとは投資家たちのブログを徹底的に読み込む。専業投資家の道を歩みはじめたころは毎日がその繰り返しだったらしい。**1日に読むブログの数は500。そうして必死に独学を重ねた。**そうとう自分を追い込んだせいだと思うが、毎朝、嘔吐していたという。

そうして年に何百回ものトレードをこなしながら、独自の投資メソッドを培っていったのである。テスタさんのすごいところは他の投資家のクセを頭に叩き込み、「いまこの株価が動いたのは○○さんが取引したからだろう。なら次はこう来るはずだ」と先読みしてしまうことだ。とんでもない能力である。まさに天才だ。

テスタさんのように投資で巨額の資産を築きたい人は大勢いるだろう。でも彼の華々しい成功は途方もない努力の賜物《たまもの》である。並外れた精神力、忍耐力。少なくとも僕には無理だ。あなたは真似できるだろうか。

専業投資家はシビアな職業である。ほかのことを本業にせっせと働くほうがはるかにラクだ。投資に人生を賭けるくらいの覚悟があれば別だが、そうでないのならやはりインデックスファンドをこつこつ買い続けたほうが正解だ。

「負けられる状況」をつくろう

専業投資家にとっての最大のリスクは「絶対に負けられない状況」に立たされることだろう。そのプレッシャーは危険だ。投資においていちばんマズい心理状態を招きかねない。

会社員であれば投資で多少負けてもなんとかなる。給与という安定収入があるからだ。専業投資家はそうはいかない。投資の年間リターンがマイナスになるようなら一大事だ。生活はたちまち窮地におちいる。**そうなると冷静な判断力を失いかねない。無謀なリスクテイクに走ってしまう可能性すらある。**

特に危険なのは、レバレッジ（証拠金を担保に、自己資金の数倍規模の取引ができる仕組み）を用いた信用取引やFX（外国為替証拠金取引）だ。損失を取り戻したいという焦りから、過度なレバレッジをかけ、全資産を失ってしまうなんて話は珍しくない。
投資に絶対はない。市場は本質的に予測不可能だ。だからどこかで必ず試練は訪れる。リーマン・ショック級の金融危機。未曾有《みぞう》のパンデミックの発生。そうなれば市場は大混乱だ。いくら周到なリスク管理をしていても資産の目減りは避けられないだろう。

優秀な専業投資家はそんな事態も見越して、投資以外の収入源も確保している。ようは「負けられる状況」もつくっているのである。投資情報を発信するユーチューブチャンネルの運営。投資セミナーの定期開催。さらには執筆活動。そうした複数の収入源を持つことは、冷静な投資判断をキープするための重要なヘッジなのだ。

つまり投資一本で食べていけるというのは危険な幻想である。**投資で長期的に利益を出し続けるためには、逆説的だが「負けても大丈夫な状況」をつくることが不可欠だ。**それこそが「損をしない投資の極意」だろう。

ほかで働きながら投資もする。結局、そうした兼業投資家がいちばんイージーだ。もちろんあなたもそのひとりになれる。

情報弱者がバカをみる

「確実に儲かる」「プロがこっそり教える必勝法」「いまが絶好の買い時」そんな誘い文句は要注意だ。世のなか、そうそううまい話はない。あるとすればその大半はなにか裏がある。不用意に飛びついてはいけない。

本当の儲け話はあっちからはやってこない。自分でつかむものだ。どこかに激安で仕入れて高く売れる商品があったとする。あなたならどうするだろうか？　その仕入れ先をみんなに教えてまわるだろうか？　そんなバカな真似はしないだろう。あなたはそれで稼がなくてはいけない。とうぜん企業秘密にするはずだ。

投資の世界でも同じである。本当に儲かる情報をわざわざ他人に教える人なんていない。せいぜいお金持ちの人たちのあいだで共有されて終わりだ。残念だが、それが

現実である。

投資の基本は、ビジネスの基本と同様に「安く買って、高く売る」だ。**つまり世間に情報が出回った時点で、すでに安く買えるタイミングは終わっていると思ったほうがいい。**その情報に飛びついた瞬間、だれかのカモにされるだろう。

投資で失敗する典型パターンが「なんとなく儲かりそう」「この人は信頼できそう」と安易に受け入れてしまうことだ。事の詳細を理解しないままベットしてしまうのである。

投資は感覚でやるものではない。常識的な根拠に基づいてやるものだ。**自分が理解できないものには手を出さないこと。それが鉄則である。**

情報の確度をチェックする習慣を持とう。相手の言葉を鵜呑みにするのではなく、みずから数字や実績にあたるクセをつける。そのうえでリスクを理解し、感情で動かず、冷静に判断する。

うまい話ほど疑え。情報弱者は搾取《さくしゅ》されるのが世の常である。

第5章

健康

健康を追求しすぎるのは不健康です

民間の医療保険は割に合わない

生命保険文化センターの調べによれば、民間の生命保険会社や郵便局、ＪＡ（農協）、県民共済・生協等で取り扱っている生命保険のうち、疾病入院給付金が支払われる生命保険の加入率は約65％だそうだ（２０２２年度）。**生命保険、医療保険はマイホームに次いで生涯で2番目に高い買い物とも言われる。一生で支払う保険料が１０００万円を超える人も珍しくない。**日本人は保険に入りすぎだ。

そのような生命保険、医療保険は本当に必要なのだろうか。病気になるリスクに備え、安くもない保険料を毎月払い続ける。その保険料が実を結ぶのは病気になったときである。ようするに「自分の不幸」にベットしているわけだ。不可解な行為である。

健やかに生きるうえで大切なのは、高額な保険に加入することではない。当たり前だが、健康をキープすることだ。病気になって入院すれば、たしかに保険会社は給付金を振り込んでくれる。でも、そもそもその給付金は加入者みずからが支払った先行投資のリターンにすぎない。大した得にはならないのだ。ましてやそれで病気が治るわけでもない。割に合わないのである。

そもそも民間の保険は、加入者が平均的には儲からない仕組みになっている。そうでないと保険会社はつぶれてしまうからだ。加入者が儲からないから保険会社は儲かるのである。**つまり加入者にとってそれは「損をする賭け」なのだ。**

そんな保険にお金を費やすのはバカげている。**そのお金があるなら健康診断や人間ドックに使ったほうがはるかに有意義だ。そして残りは貯金しておこう。**病気を早期発見できれば、治療費もさしてかからないだろう。幸運にも病気と無縁でいられれば、その貯金は別のことに使える。保険に加入するより、あらゆる意味で合理的だ。

人生100年時代である。病気に備えてお金を費やすのではなく、健康寿命のためにお金を使おう。それが文字どおり、健全な生き方だ。

健康保険だけでなんの心配もいらない

民間の医療保険に頼らずとも、日本には優れた公的医療保険制度がある。子どもから老人まで全員が加入する国民皆保険により、日本の医療費の自己負担額は先進国のなかでも格安だ。

よく聞くことがあると思うが、公的医療保険制度が限定的なアメリカの場合、救急搬送されただけで数十万円もの請求が届くことも珍しくない。

それに比べて日本は天国である。医療機関にかかった費用のうち自己負担分は最大で3割だ。

しかも入院などで医療費が高額になった際には「高額療養費制度」が適用される。高額療養費制度は患者の医療費負担が過重にならないようにするための措置であり、保険診療の範囲内の診療であれば、医療費がどれだけ発生しようが一定金額を超えたぶんはすべて国が負担してくれる。

たとえば1か月の医療費が100万円だったとしても、年収370万円以下の人なら自己負担は月5万7600円で済む。年収370万〜770万円の場合なら最大約11万円の自己負担でいい。

日本の公的医療保険制度はかくも手厚いのだ。世界に誇る破格の制度である。日本に生まれたあなたはラッキーだ。わざわざ民間の医療保険に加入する必要はどこにもない。それはまさにお金のムダ遣いだ。

保険適用外の治療の薬が必要になったらどうするんだ？　と心配する人もいるだろう。でも、ともにがんでお亡くなりになった経済評論家の山崎元さんも、経済アナリストの森永卓郎さんもご自身の闘病を通して、公的医療保険制度と高額療養費制度で治療費は十分にカバーできるとおっしゃっていた。

いわゆるお金のプロがそう言っているのだ。**民間の保険はいらない。公的な健康保険の恩恵に浴して身軽に生きていこう。**ここは日本なのだ。

年金はかなりお得なサービス

「どうせまともに年金なんてもらえない」現役世代の多くは国の年金制度に対して冷ややかだ。気持ちはわからなくもない。超高齢社会を突き進む日本は、これからますます高齢者の割合が増していく。２０４０年には65歳以上の人口が全人口の35％に達する見込みだ（厚生労働省の推計）。

毎月、年金保険料をごっそり取られた挙げ句、自分たちが高齢者になったころには現役世代はすっかり減っている。「どうせ自分たちはもらえない」とひがみたくもなるだろう。

でも年金は払い続けたほうがいい。２００１年からＧＰＩＦ（年金積立金管理運用独立行政法人）という機関が国内外の資本市場で年金積立金を運用している。その累積の収益額は2024年末時点で160兆円超えの黒字だ。もちろんそれで年金財源の目減り分をすべてカバーできるわけではないが、頼もしいパフォーマンスである。

このさき年金支給額は減る可能性が高いが、それでもそれなりの額は受け取れるはずだ。年金は終身で支給される。生きているかぎり、何歳になっても毎月、支給されるのである。**これはなかなか強力な保険ではないだろうか。長生きすればするほど得するわけだ。老後の収入として十分あてになると思う。**

それに国民年金（基礎年金）の保険料の約半分は税金によってまかなわれている。だから払ったほうがやっぱり得なのだ。

加えて年金には老齢年金だけでなく、障害年金（障害を負ったときに支給）、遺族年金（加入者が亡くなったとき、子どものいる配偶者や子どもに支給）といったセーフティネットも含まれている。**あなたや家族の「もしも」の備えになるわけだ。**とうぜん年金を納めないとこれらの支援も受けられない。

国を全面的に信じろと言うつもりはないが、年金は悪くない制度だ。使わないのはもったいない。人生の保険として侮れない存在なのである。

健康の絶対条件はストレス回避

僕らが生きていくうえでいちばん大切なものはなにか？　健康だ。異論を挟む人はいないだろう。貧乏でも楽しく幸せに暮らしている人はいる。でも健康を損なって楽しそうにしている人は見たことがない。健康がすべてなのだ。

では、健康のためにいちばん大切なことはなんだろう？　それはストレスをためないことだ。これもまた絶対的真理だと僕は思っている。

複雑な現代社会ではなにかとストレスがかかりやすい。特に仕事はストレスの温床だ。厚生労働省の報告によれば、業務による心理的負荷が原因で精神障害を発症し（自殺を含む）、労災認定を受ける件数が年々増えているという（厚生労働省「職場における心の健康づくり」２０２４年より）。

　また、仕事や職業生活に関して強い不安、悩み、ストレスを感じていると答えた労働者の割合は82％に達している（同「労働安全衛生調査」2022年より）。

　多くの人が職場で強いストレスにさらされている。いかんともしがたい状況である。**でも解決策は明確なのだ。嫌なことさえしなければいいのである。**いくら仕事をがんばったところで、ストレスをため込んでは意味がない。

　それで体調を崩してもだれも助けてくれない。社会なんてそんなものだ。**だから割り切って働こう。嫌なことは嫌だと退けたとしてもクビにはならない。**食べていけるだけで儲けものである。

　あなたにとって最適なワークライフバランスを築く。ストレスを取り除くにはそれしかない。ストレス回避を最優先で考えよう。それが健康であるための第一条件である。

怒りのコストは高くつく

怒りにとらわれると人生のコストは一気に跳ね上がる。それが僕の持論だ。

仕事で理不尽な目に遭ってムシャクシャし、憂《う》さ晴《ば》らしに高価なものを衝動買いしてしまう。あるいは相手と激しい口論になった挙げ句、取り返しのつかないひと言を放ってしまい、その後の関係修復に苦労する。

怒りにまかせた行動は損でしかないのだ。ということは裏を返せば、怒りのコントロールさえできれば、余計な損失とは無縁でいられるわけだ。

そこで大切なのは「過度な期待をしないこと」だろう。怒りはたいてい、「こうあるべき」という期待が現実とずれたときに湧いてくる。

電車が遅延してイライラするのは、「時間どおりに来る」という期待が裏切られたからだ。でも「そもそも電車は遅れる可能性があるもの」と思えれば、腹は立たないだろう。

それでもどうしても怒りが湧いてくるようだとどうすればいいのか？　そんなときに備えて冷静になれる行動パターンを決めておくといい。深呼吸をする。飲み物を飲む。ワンクッション入れられるなら、なんでもいいのだ。相手に文句を言いたくなったら口に出すのではなく、紙に書き出してみよう。すると自分を客観視できて冷静になれるはずだ。

いちばんおすすめなのは、とにかくその場を離れることだ。トイレに行く。散歩をする。別の部屋に移動する。それだけでずいぶん気は落ち着く。

実際に僕もパートナーに対し「このままだとケンカになる」と感じたら、その部屋を去るようにしている。感情的になっている状況で面と向かっていてもろくなことにはならない。

怒りをコントロールできれば、人生は格段に快適になるのである。

健康維持に意気込みは不要

スポーツジム、サプリ、健康器具。どれもお金がかかる。それらは果たして健康維持のために必要なのだろうか。

公園を散歩する。エレベーターではなく階段を使う。べつにアスリートを目指しているわけではないのだ。ジムに通わずとも、それだけで必要な筋力は十分キープできる。

栄養摂取にしてもそうだ。サプリなんていらない。普通のまともな食生活さえ心がければちゃんとした栄養は取れる。外食ではなく自炊のほうがいいだろう。外食は味つけが濃い。自炊なら、塩分や脂質を控えめにできる。野菜、そして高タンパクの肉や魚をしっかり食べる。そうすれば肥満や高血圧とも無縁だ。

そしてお酒はほどほどにしておく。睡眠の質が高まるし、余計なカロリーも抑えられる。

わざわざ高い会費を払ってジムに通ったり、安くもないサプリを買い続けたりするのはもったいない。だいいち、そこまでモチベーションを上げてしまうと、そのうち息切れしてしまう。

健康を維持するのに意気込みなんて邪魔なだけだ。無理は長続きしない。結局、その反動で不摂生な生活におちいってしまうケースもあるだろう。

健康は日常的な習慣によってもたらされるものだ。運動や栄養管理は、日々の生活の営みのひとつとして取り入れるのがベストである。

そもそも健康のためにお金をかける行為は矛盾している。**自分の時間と身を削ってお金を稼ぎ、そのお金を健康維持に充てるわけだ。自分の健康のために自分を犠牲にしているようなものである。**

健康維持に高額なサービスはお呼びでない。大切なのは日常習慣なのだ。

嗜好品を我慢するのは逆効果

僕の親戚にタバコが大好きな人がいた。その人にはこれといった持病はなかったが、あるとき急に健康のためだと禁煙した。ところがそこから間もなくして亡くなってしまったのだ。因果関係は定かでないが、禁煙によるストレスが一因だったのではないかと勝手に思っている。

そもそも健康のために嗜好品を控えたところで必ずしも良い結果を生むとはかぎらない。我慢のしすぎが精神的な負担になるのであれば、むしろ悪影響だ。嗜好品を完全に断った挙げ句、体調を崩してしまったら元も子もない。

嗜好品を適度に楽しみ、リラックスすることも健康維持の一環だろう。僕はタバコもお酒もたしなむ。もちろんどちらも体に悪いことは知っている。わざわざお金を払って健康を害するわけだから、喫煙者は僕もふくめてバカである。
それでも適量を楽しむ程度であれば、リラックス効果などのメリットもある。だからタバコもお酒も無理にやめるつもりはない。

実際、嗜好品にはストレス軽減の効果があるとの研究結果も出ている。たとえば、カフェインは集中力を高め認知機能の向上につながるとされている。また、ダークチョコレートはストレスホルモンの分泌を抑える効果があるとされている。アルコールも適量であればリラックス効果が期待できる。

こうした点を踏まえると「0か100か」の極端な考えで嗜好品を完全に断つよりも、「適度なバランス」を取るほうが長期的には健康的だと感じる。

そもそも、健康に気を遣って長生きしたいと思っても、人生にはどうにもならない要素がある。タバコを吸い続けても長生きする人もいれば、まったくタバコを吸わない人が若くして病気になるケースもある。人それぞれの体質がある以上、一概になにがダメで、なにがいいとは言えない。**でも、嗜好品をやめたら絶対に健康になるとは言い切れない、ということは言い切れる。**

睡眠は最強の健康法

健康を維持するうえで、ストレス回避と同じくらい大切なのがしっかり眠ることだ。

睡眠を軽視して無理を続けると、まずメンタルがやられる。睡眠不足になると幸福感や喜びといった前向きな感情が薄れ、少しの刺激でもイライラしたり怒りっぽくなったりする。そのうえ判断力も鈍り、仕事や日常生活でミスが増える。あなたも一度はそんな経験をしていると思う。

体への悪影響も深刻だ。スタンフォード大学の研究によれば、睡眠時間が6時間以下の人は免疫機能が低下し、風邪をひきやすくなるという。また、睡眠不足は肥満や糖尿病、高血圧などの生活習慣病リスクを高めることも科学的に証明されている。

そして慢性的な睡眠不足はうつ病や不安障害などのメンタルヘルスにも悪影響を及ぼすのである。

十分な睡眠には多くのメリットがある。脳が情報を整理し、必要なものと不要なものを仕分けしてくれるため、新しいアイデアが浮かびやすくなる。**日本人初のノーベル賞受賞者である湯川秀樹博士が「中間子理論を寝入りばなに思いついた」と回想していることでもわかるように、創造性や問題解決能力の向上にもつながる。**

また、睡眠中にはストレスホルモン「コルチゾール」の分泌が安定し、心身ともにリセットされる。疲れたときや調子が悪いとき、ひと眠りするだけで気持ちが軽くなった経験はだれにでもあるだろう。

ショートスリーパーになりたいという人もいるが、それは万人向けではない。短時間睡眠でも問題なく過ごせる人はごく一部であり、生まれ持った才能みたいなものだ。人間は十分な睡眠を取らないと生きていけないようにできている。

お金がかからず、心身両面に圧倒的なメリットをもたらすのだから、睡眠がもっともシンプルかつ強力な健康法であることは間違いない。

身近な幸せに目を向ける

資本主義社会に生きていると「もっとお金を稼げば幸せになれる」「もっと成功すれば満足できる」と考えがちだ。でも、そうやって目先のことばかり追いかけていると、大きな損をしていることに気づけなくなる。

たとえば、蛇口をひねればきれいで飲める水が出ること。食べるものに困らず雨風をしのげる家があること。日本に住んでいれば当たり前のことかもしれない。でも国によっては当たり前ではなく、うらやましがられる環境だ。

そんな日常のありがたさを見落とし、「もっと贅沢な暮らしがしたい」「もっと評価されたい」と足りないものばかりに目を向けてしまうと、「足りない病」にかかり、いまある幸せをみずから否定してしまうことになる。

どれほど物質的に恵まれた環境にいても、日常の小さな幸せに気づけない人は永遠に満足することができない。成功を追い求めることを否定するつもりはないし、悪いことだとも思わない。でもそれだけでは心の充足感は得られないだろう。むしろ、目先の目標ばかり追いかけ、疲弊してしまう。

では、どうすれば足りない病から抜け出せるのか？　簡単だ。いまある幸せに目を向けよう。今日飲んだコーヒーがおいしかった。夕方の空がきれいだった。友達とくだらない話で笑えた。そんな何気ない出来事を意識的に思い返すだけで、人は幸福感を得られる。

以前、アフリカのナミビアを旅したときのことだ。そこに暮らす人々は物質的には決して豊かとは言えない環境で生活していた。それでも彼らの表情には満ち足りた笑顔があった。彼らはいまあるものに目を向け、それを楽しむ術を知っているのだ。足るを知る、だ。お金や成功は人生の選択肢を拡げてくれるが、それ自体が幸福を約束するものではない。**いまあるものの価値を大切にし、それを楽しむ工夫ができれば、収入や地位に関係なく充実した日常を過ごせる。**

人生でいちばん損なのは、それに気づけないことである。

容姿にこだわるのは無意味

最近、美容やファッションにお金をかける男性が増えている。ファッションアイテム以外にも、脱毛やスキンケアなどにこだわる人も少なくない。

容姿を少しでも良くすることで、「自分をよく見せたい」「女性にモテたい」と考える気持ちは理解できる。でもその投資が〝本当のモテ〟につながるかは疑問だ。

男性の価値を決める要素はさまざまだが、現実的な話をすれば、最も大きな影響力を持つのは収入だ。実際、アメリカのピュー研究所の調査では、女性の約80%が結婚相手に経済的安定性を求めると回答している。

加えて、東京大学の研究でも高収入の男性ほど成婚率が高いというデータが示されている。このように男性の場合、容姿の良さよりも経済力が重視される傾向がある。

もちろん、容姿も大切という意見も間違いではない。清潔感や最低限の身だしなみは重要だ。しかし、容姿を磨くために過剰なお金や時間を投じても、それで人生が劇的に変わるわけではないのなら、コスパもかなり悪い。

それよりも、そのリソースを仕事やスキルアップに使ったほうが、長期的には自分の価値を高めることにつながる。仕事で成果を出せば収入が上がり、自己肯定感も高まる。経済的な余裕が生まれれば自信がつき、人間関係やコミュニティでの評価も上昇。結果として、異性からの評価も自然と上がることになる。「モテたい」という目標を掲げるなら、容姿よりも仕事への投資のほうが効率的ということだ。

年齢とともに容姿は衰えることを考えれば、容姿への投資は終わりが見えない。**一方で、仕事やスキルアップに投資した成果は、年齢を重ねても価値を失わない。それどころか経験として積み重なり、一生ものの資産となる。**

芸能人のように際立ったものを持っていれば別だが、多くの人は相手を容姿だけでは判断していない。清潔感に気を遣い、必要最低限の身だしなみさえ整えていれば、それで十分だろう。

第6章

人間関係

お金を絡めると不幸になります

お金を絡めずに最大の財産を得る

人生における最も貴重な資産。それは人間関係だろう。たとえば、起業に失敗して無一文になっても、本当の仲間であれば離れない。むしろ寄り添って助けてくれる。**この価値ある人間関係を得るにはひとつの秘訣がある。お金を介在させないことだ。**

お金が絡むと人は無意識に計算をしてしまう。奢ってもらった。プレゼントを贈られた。ありがたいことには違いないが、同時に心のどこかで負債感を抱く。それは時にプレッシャーやストレスになる。

あるいはそれが何度も続くようだと「あの人がご馳走してくれるのはお金があるのだからとうぜんだ」と思いはじめる人もいる。すると、ご馳走してもらえなかったときに「なんで今回は自腹なの？」と不満が芽生える。かくしてお金は人間関係をギクシャクさせるのである。

お金さえ絡めなければ、一緒に過ごす時間を純粋に楽しめる。人格、知識、経験。お互いの人間性がより鮮明になっていくのだ。

つまり本物の人間関係は、お金を使わなくても続くかどうかで決まる。奢られようが、奢られまいがどうでもいい関係。損得を勘定に入れない関係。それを友情と呼ぶのだと思う。

お金を絡めないことこそが、プライスレスな人間関係を得る唯一の方法である。お互いを支え合える人間関係は人生最大の財産だろう。本当の意味でのお得な生き方がそこにはある。

奢りはタイミングが命

人間関係において、お金を介在させないことが本当の信頼を築くカギだ。とはいえビジネスでの人付き合いはお金と無縁ではいられない。上司が部下に食事をご馳走してあげるのもそのひとつだ。もちろんそれである一面の関係は深まるだろう。それでも僕は奢ることはおすすめしない。奢ること自体が非合理的だからだ。

そもそも人はなぜ奢るのだろう？　そこには大なり小なり、「好かれたい」「尊敬されたい」という思いがある。会社の飲み会で上司が部下に奢るとき、「かわいい後輩のため」と言いつつも、同時に「いい上司と思われたい」「慕われたい」との承認欲求を満たしたいのだ。

本当に部下のことを思うなら飲み会に誘うのではなく、ほかにやるべきことはたくさんあるだろう。つまり奢ることで一時的な自己満足に浸っているにすぎないのだ。

ただし状況によっては奢りで絆をつくることができる。仕事の大きなプロジェクトが山場を迎え、心身ともに疲れている最中での差し入れは特別なものだ。**たとえ、それが100円のコーヒーであったとしても相手にとっての意味は大きくなるはずだ。**

奢る内容にも同じことが言える。普段と変わらないものを奢るより、相手が未体験のものを奢ったほうが記憶に残りやすい。たとえば、いつも1000円以下のファスト飯ばかり食べている部下に、少し高めのカフェで2000円のランチを奢れば特別感は増す。差額は1000円だが、そこには金額以上の価値があるのだ。

奢りも戦略的に使えば、コスパの良い投資になる。ようは頭を使えということだ。なんでもかんでも奢れば相手に感謝されるわけではない。同じ金額を使っても、その瞬間の印象次第で相手の記憶に残るかどうかが決まるのであれば、もっとも効果的な瞬間を見極める。それが少ない投資で大きなリターンを得られる奢りにつながる。

話を振れる人は得をする

初対面の相手や親しくない人と話すとき、重たい空気になることがよくある。なにを話せばいいのかわからない。沈黙が続くのが怖い。そうして気まずい空気が流れてしまう。

そんな事態を避けるにはどうすればいいのだろう。僕なりのコツがある。**それは話を振る意識を持つことだ。待ちの姿勢ではなく、自分から会話のきっかけをつくる。それだけで人間関係が一気に拡がりやすくなる。**

自分の話ばかりするのはＮＧだ。相手の話に耳を傾け、適切なリアクションを示すのがポイントである。初対面の場で「いい人だな」と思われるのは、話がおもしろい人よりも「話しやすい人」だ。

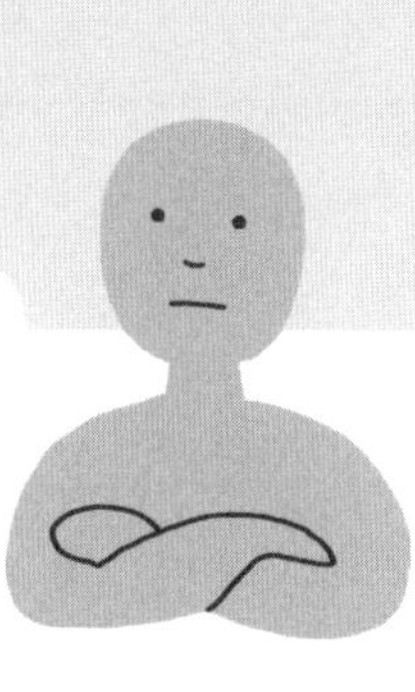

自分語りさえしなければ、振る話題はなんでもいい。「最近、ハマっていることは？」といった軽い質問で十分だ。「ハマっていることはない」と返されても、「それなら普段はなにをしてるの？」とそのまま別の話題につなげていけばいい。

人は基本的に自分のことを話したがる生き物だ。話を振っているうちに絶対どこかで大きな反応がある。そうしたらあとはそこを深掘りしてあげればいい。じきに相手は「この人とは話しやすい」と好感をもってくれる。居心地のいい人として記憶されるわけだ。

初対面の人が多く集まる場では、より積極的に話を振る側にまわったほうがいい。だれかの話を受け、「○○さんはこう言っているけど、△△さんはどう思う？」といった具合に多くの人を巻き込んでいく。

そうやって人と人をつなげる役割を果たせば、みんなの記憶に残る。結果として人間関係が拡がっていくのだ。話を振れる人は得をする。

マッチングアプリは強者のゲーム

マッチングアプリでパートナーを探す。最近はそんなことも当たり前だ。少子化が進み未婚率も上昇するなか、マッチングアプリを推奨する自治体すらある。東京都にいたってはＡＩによるマッチングシステムを独自につくっている状況だ。

でもマッチングアプリで理想のパートナーが見つかるとは思わないほうがいい。たしかに出会いのチャンスは拡がるが、そこで成功するのは結局、恋愛強者だけだ。マッチングアプリは「選ばれるゲーム」になっているのである。

マッチングアプリで相手を探すとき、ベースとなる情報はプロフィール写真とスペックのみ。となれば、容姿が整っていて高年収、肩書きのある人が有利なのはとうぜんだろう。特別な強みがない人は選択肢にすら入れてもらえず、逆に人気者には申し込みが殺到する。

つまり、基本スペックの高い恋愛強者同士がマッチングするだけなのだ。弱者には勝ち目が一切ない非情な世界である。そんな場所で勝負しても仕方ない。

それより日常生活の延長で相手を探したほうが賢明だ。趣味のコミュニティへの参加、友達紹介、仕事のつながり。マッチングアプリよりよっぽど開放的だ。

あくまでオンラインでの出会いを求めるなら「スペック勝負ではない場」を選ぶのがいい。たとえばオンラインゲームにはランダムマッチングという仕組みがあり、自然と他者と出会うことができる。

そうやって共通のゲームをプレイすると、会話が増え、仲が深まることも珍しくない。**しかも顔を見せなくてもいいので、外見で判断されることもない。実際にゲームをきっかけに交際、結婚に発展した例もたくさんある。**

ガツガツするばかりが戦略ではない。良いパートナーに出会うにはなによりもまず良い環境が必要なのだ。

落ち込んだときは単調な動画を眺めよう

心が傷ついたときは判断力が鈍りがちだ。そして時に感情が高ぶるあまり、普段は取らない衝動的な行動に走ってしまうことがある。

やけ酒や暴飲暴食、高価な買い物に旅行……。それによって気分は和《やわ》らぐかもしれないがその場限りだ。あとで振り返ると、ムダな出費に後悔するだろう。

情緒が不安定なときは、しばらく〝決断をしない時間〟を設けるにかぎる。だからといって、なにもしないのはダメだ。そうなるとかえって不安や焦りが募り、これまた衝動的な行動に走りかねない。

ではどうすればいいのか？　**頭を使わずに時間を過ごせるような無機質なコンテンツに触れるのがベストだ。**動物園のライブカメラや、焚き火を映しているだけの調理動画、あるいは大自然の様子を映す動画なんかもいいだろう。

ストーリー性がなく、ただただ静かな情報が流れていくだけの動画を眺め、余計な思考を排除する。それで心の整理が促されるのだ。

僕も昔、失恋したときに科学技術振興機構が提供している「THE MAKING」という動画を見続けた記憶がある。レトルト食品がどうやってつくられるのか。工場でアイスクリームがどんな工程でできるのか。身近にある品がどのように生まれるのかを淡々と紹介するだけの動画である。

機械が動き続け、原材料が少しずつ完成品に変わっていく様子を見ていると、妙に心が落ち着いた。おかげで変に感傷的にならずに済んだ思い出がある。

まったくもって非生産的な時間である。でもそれがいいのだ。なにせ目的は「時間を稼ぐこと」だけだからだ。

どんな傷心も、時間が経てば自然と癒えていく。気分が落ち込んでいるときに下した決断はろくな結果を招かない。それを避けることができれば、損失は最小限に抑えられるのだ。

性欲のためにお金を使うな

わざわざお金を払わなくてもいいことにお金を使うのはムダだ。

僕は性欲もそれに該当すると思っている。もちろん、性欲を満たすために性風俗のサービスを利用するのは個人の自由だし、否定するつもりもない。

でも、お金を払わなくても性欲を解消できる方法はたくさんある。無料で楽しめるアダルトコンテンツはネット上に山ほどアップされている。それらを利用することで、ムダな出費を抑えながら欲求を自己解決できる。それで十分な気がするのは僕だけではないはずだ。

特に男性の場合は、どんなに性欲が高まっていても、自己処理をしてしまえば一気に収まる人がほとんどだ。性風俗店に行けば、快楽を得られ満足感も得られるかもしれない。**でもそれは一時的な快感にすぎず、あとになにかが残るわけでもなければ、**

あなたの価値を高めてくれるわけでもない。

死ぬほどかわいい人に当たった場合は、「あ〜エロかった」と1週間くらいは余韻に浸れるかもしれない。でもそれで一生自己処理で済むかというと、そうはいかないだろう。その〃おいしい思い出〃は、性欲が湧けば頭のなかによみがえってくる。そしてまた性風俗にお金をつぎ込むことになる。結局、最後には虚しさだけが残るのである。

だから僕は性風俗店に行ったことがない。もしかしたら、性風俗には自己処理とは違い、生身の人間と触れ合えることで得られる特別な体験があるのかもしれない。だからといって、その特別な体験に慣れてしまうと、普通のことに満足できなくなってしまう。**常日ごろからビジネスクラスに乗っていると、エコノミークラスでは満足できなくなる。それと同じ原理があるのではないかと思う。**

人間の生理現象として性欲は普通にあるものだ。もちろん僕にもある。でも性欲が湧くたびに風俗に通っていては、いくら稼いでいようと永遠に満足できない。虚しさしか残らないものにコストを費やすことは、とてつもなく虚しい。

お金に代えがたい関係の見つけ方

人生において、人付き合いは非常に大きな価値を持つことだと思っている。**ハーバード大学で85年以上続く「成人発達研究」でも、長生きする人の共通点は「良好な人間関係があること」とある。** 孤独な人ほど健康リスクが高く、ストレスホルモンの分泌が増えて寿命が縮む。

でも「人付き合いが多ければ多いほどいい」と思っているなら、それは少し間違っている気がする。いくら知人が多くても表面的なつながりでは孤独感は消えない。無理に人間関係を拡げようとすることでストレスを抱え、疲弊してしまうこともある。お金持ちのなかには交友関係が広く、お金を目当てに寄ってくる人が多すぎて困っている人もいるくらいだ。

お金で買えるものは多いが、信頼や安心感は決してお金では手に入らない。だれにも本音を話せず、なにかあったときに相談できる人がいない人生は味気ないものだ。**心から頼れる相手がいなければ、人生の損失は大きい。逆に、心から頼れる相手がいれば、それは人生にとって大きな財産となる。**

だからこそ、信頼できる人を見つける必要がある。ポイントは利害関係がなく、長期間つながりが保てていること。知り合ってすぐ仲良くなれる人もいるが、本当の信頼は時間を経ないと得られない。そして利害関係、もっといえば見返りを求めない人であること。**なにかをしてもらったら「次はあなたが返してね」という関係は、本当の意味での信頼関係にはならない。**

そういった人を見つけるには、まずは自分が信頼に足る人間になる必要がある。相手を大切にし、見返りを求めずに付き合うことで初めて相手も同じように接してくれる。信頼は一方的に求めるものではなく、お互いの関係のなかで育つものだ。

そこには婚姻関係や続柄などはまったく必要ない。困ったときに相談でき、嬉しいことがあったときに共有できる。そういった深く信頼できる人を探すことが人生をプラスに導いてくれるはずだ。

結婚はしたほうがいい

大人になったら結婚をして家庭を持ち、子どもを育てる。そんな昭和な話もいまは昔。厚生労働省の調査によれば、２０２０年時点での50歳時の未婚率は男性28％、女性18％で過去最高。ご存じのとおり、晩婚化も進んでいる。

なぜ結婚をしないのかといえば、システム的なメリットがないからだろう。

独身と比べて自分の時間は少なくなり、場合によっては親戚付き合いの義務が増え、引っ越しや転職の自由も制限されるかもしれない。なにかを決めるたびに「相手の都合」を考える必要も生じる。家事を分担できたり心の安らぎを得られたりと、共同生活のメリットはあるが、それなら事実婚や同棲でも十分。「結婚している」という形式がなくても、同じ家に住み、一緒に生活できる。

老後のことを考えて結婚したいと思う人もいるだろうが、結婚したからといって老後に頼れるかどうかはまた別の話だ。パートナーが先に他界すれば独り身になるし、病気やケガでやむをえず働けない状態になる可能性もある。結婚さえしていれば老後の不安がなくなるわけではない。本当に老後の不安を減らしたいなら、結婚よりも資産形成や介護サービスの充実を考えたほうが合理的だ。

それでも、僕は結婚はしたほうがいいと思っている。理由は2つある。

1つは、結婚という契約によって深い人間関係を築きやすくなること。未婚のカップルであれば些細な出来事でも別れる理由になるが、結婚していれば簡単に離婚するわけにはいかない。そこで踏みとどまり、少しずつ夫婦としての信頼を積み重ねていけば孤独を感じることはないはずだ。

もう1つは、子どもがいる場合は結婚していたほうが合理的だからだ。配偶者控除などの優遇措置を受けられるし、仮に離婚したとしても法制度のもとでその後の子育ての問題も解決しやすくなる。逆に未婚のまま子どもを持っていたとして、パートナーと別れると親権や認知などややこしい法的な問題が発生する。

結婚自体にメリットはないが、長期的な幸せを考えればしたほうがいい。

行事は常識ではない

「昔からの習慣だから」「みんなやっているから」と、行事にお金をかけるのが当たり前だと思っている人は多い。

でも、それは果たして本当に必要なことなのだろうか？

たとえば、お歳暮やお中元。贈る側は「礼儀だから」と高価なギフトを選ぶが、受け取る側が本当に欲しいものとはかぎらないし、贈られた側はプレッシャーを感じる場合もある。下手をすると、置き場所に困るうえに処分しづらいやっかいものになることもあるだろう。**それを察してカタログギフトを贈る人もいるが、結局、得をするのはギフト業界だけだ。**

結婚式も同じ。結婚をするからといって、なにも結婚式や披露宴を挙げる必要はな

い。結婚情報誌の2024年の調査によれば、結婚式と披露宴の総額の平均費用は約350万円。ご祝儀である程度カバーできるとはいえ、新郎新婦の自己負担額は100万〜200万円にのぼることが多い。たった数時間のイベントにこれだけの大金がかかるのが普通だなんてどうかしている。

式場の料理は普通のレストランと変わらないクオリティなのに、値段は跳ね上がる。ドレスや装飾も「結婚式用」となるだけで、相場が一気に高騰する。しかも式場から最初に提示される見積額は最低限のもので、だいたいがオーバーする結果になる。ようするに「一生に一度のイベントだから、お金がかかってもしょうがない」という顧客心理を突いた、結婚式業界の巧みなビジネスモデルに乗せられているだけなのだ。

結婚生活そのものは長く続くものだ。数時間のイベントに大金を使うより、親族との食事会ぐらいが普通という文化にしたほうが、結婚後の生活や子育てにお金がまわるし人生の満足度は高い。そう僕なら感じてしまう。

惰性で続いている慣習になんとなく従うのではなく、「そのお金で得られるものはなにか？」「だれが得しているのか？」を冷静に判断する。

そうすれば、自分にとって本当に意味のあるお金の使い方が見えてくる。

変わりづらいものに着目する

大きな決断は〝将来的に変わりにくいもの〟を基準にする。それが長い人生において大きなメリットをもたらす。

人生の選択で後悔するのは、多くの場合「思っていたのと違った」と感じるときだ。では、なぜ「違った」と思うのか？　それは、選ぶ際の基準が間違っているからにほかならない。

人はなにかを選ぶとき、「いまの自分にとって得かどうか」を基準にすることが多い。それ自体は間違いではない。でも、その得がどれだけ長期的に持続するかを考える人は少ない。そこが落とし穴だ。**目先の損得を基準で選ぶと、状況が変わったときに「こんなはずじゃなかった」と後悔しやすくなるのだ。**

わかりやすいところで言えば、人生のパートナー選びなどがそれにあたるだろう。「収入が高い」「見た目がいい」といった基準だけで相手を選ぶと、その前提が変わったときに「こんなはずじゃなかった」と感じやすい。収入は仕事の状況によっては減ってしまうこともあるし、見た目も年齢とともに劣化するのが普通のことだからだ。

逆に、「生活習慣が合う」「価値観が近い」といった、その人が本来持っている変わりにくい部分を基準にすると、長い時間をともに過ごしても違和感が生まれにくい。

現在の平均初婚年齢は30歳前後。その年齢までに培われた性格や生活習慣というのは、ちょっとやそっとのことで変わるものではない。

これは仕事を選ぶときも同様だ。「給料が高い」「いま人気の業界だから」といった理由で決める人は多いが、これらはどれも将来的に確実性のあるものではない。でも自分が得意なことや無理なく続けられることは、景気などには左右されない。つまりそうした仕事ができていれば、のちに満足度が大きく揺らぐこともない。

変わるものに翻弄され、あとで悔やむような選択をするよりも、変わりづらいものを基準にすれば、長期的に見てお得な選択ができる。だからこそ、大きな選択であればあるほど、変わりづらいものを基準に考えるべきだ。

孤独を楽しめる人、最強説

先にも述べたように、信頼関係のある他者がいるのは幸せなことだ。そんな人と出会うことができれば、人生の大きな喜びにつながるのは間違いない。でも無理をしてまで探し求めれば、疲弊することもあるだろう。そういった人とはなかなか出会えないものであり、だからこそ貴重なのだ。

そんなときに役立つのが「ひとりでいる力」だ。言い換えれば、孤独を楽しむ力だ。この力は、どんな状況であっても自己満足を得られる最強のもの。

孤独を楽しめる人は、精神的に安定している。SNSをチェックして「だれかとつながっていないと不安だ」と感じることもなければ、無理にグループに属そうともしないので、余計な人間関係のストレスはゼロだ。

本書では数多くの、ひとりでできることを書いてきた。散歩をする。カフェでのんびり本を読む。映画を観る。料理をつくる。筋トレをする。これらはすべてだれにも邪魔されずに自分のペースで楽しめる。とうぜん他者と比べる必要もない。

日常のなかには、小さな発見や楽しみがあふれている。ふと立ち寄った古い喫茶店。偶然見つけた静かな公園。知らない街を歩いてみたときの新鮮な景色。**そうしたささやかな体験を大切にできる人は、特別なイベントがなくても人生を楽しめる。**

そうやって孤独を楽しむことは、創造力を活かして自分自身を充実させる手段でもある。その創造力を活かし、なにかをつくったことをきっかけに、社会や他者とのつながりを感じることもあるだろう。もしかしたら、そこで新しい出会いを見つけ、信頼ある人間関係を築けるかもしれない。

孤独を楽しむことが、他者と信頼ある関係を築く――。そう言うと矛盾しているように思われるかもしれない。**でも孤独を楽しむ力とは、ひとりで生きていくにも、他者とつながるきっかけにもなりえるものだ。**

もしかしたら、この孤独を楽しむ力を身につけた人こそが、いちばんの「勝ち組」なのかもしれない。

ブックデザイン　山之口正和＋高橋さくら（OKIKATA）
イラスト　mimi
写真　松園多聞
組版　キャップス
校正　鷗来堂
協力　藤村はるな
構成　杉原光徳＋渡辺大樹（ミドルマン）
編集　崔鎬吉　佐藤広野

ひろゆき（西村博之）

1976 年、神奈川県生まれ。
1999 年、インターネットの匿名掲示板「2 ちゃんねる」を開設し、管理人となる。2005 年、株式会社ニワンゴの取締役管理人に就任し、「ニコニコ動画」の運営に携わる。2009 年、「2 ちゃんねる」の譲渡を発表。2015 年、英語圏最大の匿名掲示板「4chan」の管理人となる。現在、数多くのネットメディアに出演する、日本を代表する論客の1 人。
『1％の努力』（ダイヤモンド社）、『論破力』（朝日新聞出版）、『僕が若い人たちに伝えたい　2035 年最強の働き方』（Gakken）など著書多数。

貧《まず》しい金持《かねも》ち、豊《ゆた》かな貧乏人《びんぼうにん》
賢《かしこ》い安上《やすあ》がりな生《い》き方《かた》80の秘訣《ひけつ》

第1刷　2025年4月30日

著　者　　ひろゆき（西村博之）
発行者　　小宮英行
発行所　　株式会社徳間書店
〒141-8202
東京都品川区上大崎3-1-1
目黒セントラルスクエア
電話　編集／03 - 5403 - 4344
　　　販売／049 - 293 - 5521
振替　00140 - 0 - 44392
印刷・製本　株式会社広済堂ネクスト

ISBN978-4-19- 865971-4